EN EL BALCÓN AQUEL

LEOPOLDO ULLOA, EL BOLERO MÁS LARGO: SU VIDA

En el balcón aquel

DULCE MARÍA SOTOLONGO CARRINGTON

UNOS & OTROS
EDICIONES

Título: *En el balcón aquel*
Autor: Dulce María Sotolongo Carrington
Edición y Maquetación: Armando Nuviola
Diseño de portada: Armando Nuviola

2da Edición
ISBN 10: 0-9998707-2-6
ISBN13: 978-0-9998707-2-3

www.unosotrosculturalproject.com

UNOS & OTROS

EDICIONES

infoeditorialunosotros@gmail.com
Made in USA, 2018

A José Tejedor, Lino Borges, y Roberto Sánchez: para que tengan más luz en las tinieblas de la noche.

A Ramón Fajardo: por Rita, Lecuona, la Santana, Bola y ahora Leopoldo Ulloa. ¡Gracias!

A Leopoldo Ulloa: por sus más de cien boleros y por estar siempre a mi lado.

A María Isabel Saavedra, cantante colombiana y Marlen Calvo, mi amiga y también vecina de Serafines durante un tiempo.

A mi madre, mi esposo, mis hijos y mis hermanos: por todo.

Mi propuesta de entrevistarlo para hacer un libro lo sorprendió.

—¿Usted cree que mi vida dará para eso? —me preguntó y a partir de entonces, tuve la suerte de disfrutar de su amistad. Más que un amigo, fue un padre.

En su cuarto, todo parecía detenerse, retrocedíamos en el tiempo. El moderno equipo de música se me antojaba victrola desobediente que no necesitaba una moneda para hacerme escuchar el bolero más largo: su vida.

ÍNDICE

LEOPOLDO ULLOA. SENTIMIENTO HECHO BOLERO

Amigos:

Para los amantes de la música cubana de todos los tiempos, esta será una edición muy especial porque rinde honor *a quien honor merece*, a un grande del bolero: Leopoldo Ulloa.

Autor de composiciones tales como «En el balcón aquel», «Amor entristecido», «Moriré de amor» y «Mi súplica», Ulloa elevó con excelencia los sentimientos de la cotidianidad con notable lirismo. Por ello el desamor, la ventura, las pasiones, el engaño, la traición, entre otros estados del alma, encontraron en su quehacer la sensibilidad suficiente para convertirlo en portavoz de generaciones completas.

A estas horas mientras muchos tal vez estén escuchando en cualquier sitio de la isla o tal más allá, las cálidas voces de José Tejedor o Lino Borges, entre los tantos intérpretes que lucieron el repertorio de Leopoldo Ulloa, qué mejor obsequio para él que presentarles mucho de sus números de la mejor manera: a través de su vida. Qué mejor que regalarle este encuentro con el tiempo para mantener vigentes recuerdos de siempre, sencillamente porque.

...recordar es volver a vivir...

Para muchas personas la música rige su destino, ya sea porque una melodía perpetúa recuerdos preciados o porque un determinado autor le convocó ante una decisión o, simplemente, porque compartió con aquel, historias únicas para contar. Ese es mi caso con relación a Leopoldo Ulloa, alguien a quien en más de una ocasión acompañé a su finquita Los Mangos ubicada en la localidad habanera de Catalina de Güines, o con quien tuve oportunidad de compartir en mi preciada oficina de Radio Progreso, la que felizmente nadie ocupa y la que tan gratos momentos de satisfacción me ha dado, pues al estar enclavada en el quicio de la emisora, a ella han llegado, sin etiquetas ni pedanterías, grandes y sencillos baluartes de la cultura cubana. Entre ellos Leopoldo Ulloa.

Recuerdas Tú...

Más que estribillo de su inmortal canción ese comienzo me hace pensar en los que creadores musicales cubanos que no están, pero sin los cuales al pentagrama de la isla le faltaría su cordón umbilical, y me viene a la memoria una mañana, allá por los años ochenta, cuando me aparecí de imprevisto en casa de Leopoldo. Mi mente andaba muy perturbada pues una persona me esperó en las afueras de Radio Progreso con una noticia fatal. Se trataba, según él, del fallecimiento de mi madre que vivía en los Estados Unidos. No hallaba manera de comunicarme con ese país, y salí hacia la finquita de Leopoldo, un sitio donde predominaba la calma, la tranquilidad y el encuentro entre amigos. Me pasé todo el día con él y su señora madre, una mujer encantadora, y al marcharme, entrada la noche, le dije a ella: «Señora, gracias, usted me ha devuelto algo que yo venía buscando porque creo que lo he perdido, algún día lo sabrá».

Al llegar a La Habana puse un cable al Norte y tuve rápida respuesta. Mi madre estaba bien de salud. Era como si haber estado en medio de sus frutales y su sensible apego a las cosas más sencillas me hubiese reconfortado para ir en busca de aquella verdad.

Pero como mismo llegué yo a esa casa, acudían muchas personas en busca de Leopoldo y él con la mayor humildad del mundo no sólo los recibía, sino que además brindaba cuanto tuviera. Su absoluta sencillez lo destacaba, lo vi ser apreciado, respetado y querido por cuantos lo conocieron. Y lo mejor, los grandes de su tiempo lo respetaron y los de generaciones siguientes también.

En su honor y al de Luis Marquetti se celebró en Alquízar, el Primer Festival de Bolero en la década de los ochenta y ese evento que hoy distingue a la canción cubana supo, desde entonces, que dedicarlo a tales nombres significaba abonar en tierra fértil el respeto hacia un evento que prestigiaría a la cultura musical cubana.

Curiosamente, Leopoldo Ulloa integró la gran lista de compositores autodidactas que ha engendrado Cuba. Es sabido que componía labrando la tierra como si de ella misma brotara la savia necesaria para llegar al alma de las personas: de los entendidos, los letrados o, simplemente, de la gente humilde como él, pero con la sensibilidad necesaria para aclamar lo que decía.

Sean ustedes hoy, parte de un programa especial que lleva la sensible música de todos los que han hecho posible este proyecto. La autora, editores, correctores, diseñadores e impresores que han querido dejar plasmado en letra impresa y en tiempos de informática y grandes tecnologías, de la manera más humana posible, la vida de alguien que vivió para su gente, su pueblo y su música.

Acompañados por su melodía comienza con estas sencillas palabras, una discoteca del ayer y de siempre llena de recuentos y anécdotas que usted podrá disfrutar junto a su familia... ***Desde el balcón aquel.***

Eduardo Rosillo Heredia
Locutor, promotor de la cultura musical cubana

El bolero más largo

El bolero es como un personaje de ficción alrededor del cual se crea una trama y se inventa una biografía con visos de credibilidad.

Leonardo Acosta

Canto a mis penas, mis alegrías / Canto a la dicha / Canto al amor / Porque cantando a mi propia vida… *Yo nací en La Habana, pero fui tan pequeño para Güines que siempre digo con un orgullo muy grande que soy de Catalina. Güines es mi padre y Catalina mi madre.*

La vida de Leopoldo Ulloa fue como un bolero. De piel blanca, con ojos verdes, estatura mediana y todo un caballero, por su trato, no vivió sólo en Catalina de Güines, como afirmó en distintas entrevistas, por más de cincuenta años, este conocido compositor residió en un cuarto de la calle Serafines de la barriada habanera de El Cerro: *Entre cuatro paredes donde vivo hace años / se anidan ilusiones y algunos desengaños*; solía decir.

Vagando por el camino de la vida /como nave sin rumbo/ contigo me encontré/ Tratando de hallar alivio a mi tormento / Para calmar mis sufrimientos/ en tus mentiras me enredé.

Yo atravesaba por un momento difícil de mi vida, estábamos pasando por el Periodo Especial y una de mis pocas satisfacciones era la llegada de los domingos en cuyas tardes nos reuníamos un grupo de mujeres en casa de Oleima Gómez, la peluquera y entre tragos y canciones terminábamos siempre *bolereando*. Para olvidar penas, fracasos, desilusiones, la nave sin rumbo de Ulloa, era el vehículo ideal.

Las notas de esa canción inundaron el recinto, el timbre sonó insistentemente, en esa época los vendedores acechaban las casas con los productos más increíbles que faltaban en el mercado, arroz frijoles, azúcar, chocolate, cigarros, este último fue el que nos hizo interrumpir la tertulia y acudir a la puerta allí estaba un señor mayor que con mucha hidalguía propuso diez libra de arroz, Betty, la enfermera comentó: *mira qué casualidad, ese es el autor de «Como nave sin rumbo», él vive en la otra cuadra...*

Yo era editora de Letras Cubanas, siempre oía a los Cinco Latinos y José Tejedor en las tardes, era muy amiga de una joven cantante ganadora del programa *Todo el mundo canta*, Marlen Calvo, y junto a ella había conocido muchos músicos famosos como a José Antonio Méndez. Un torbellino de sentimientos se arremolinaron en mi mente, no entendía cómo tan ilustre personaje tenía que vender arroz para sobrevivir

En cierta ocasión, decidí tocar a su puerta. Sólo sabía que aquel hombre había compuesto «Como nave sin rumbo» y «En el balcón aquel». Mi propuesta de entrevistarlo para hacer un libro lo sorprendió.

—¿Usted cree que mi vida dará para eso? —me preguntó y a partir de entonces, tuve la suerte de disfrutar de su amistad. Más que un amigo fue un padre. Gracias a él me acerqué al bolero, lo viví, lo disfruté. Ya no hacían falta domingos ni *bolerones* para olvidar penas ni fracasos.

En su cuarto, todo parecía detenerse, retrocedíamos en el tiempo. El moderno equipo de música se me antojaba victrola desobediente que no necesitaba una moneda para hacerme escuchar el bolero más largo: su vida.

Yo respiro boleros por los poros. Cuando mi papá y mi mamá se embullaron para que naciera, pusieron la radio y había un bolero. El bolero es la vida mía. A veces digo mis mentiritas en cuanto a la edad, pero nací un 21 de octubre

del año 1931, en La Habana, calle Marqués de la Torre número 9 entre Calzada de Luyanó y San Nicolás. Al poco tiempo, mis padres se mudaron hacia el reparto Lawton Batista. Leopoldo Ulloa, mi padre, tenía que agenciárselas y mantener a cinco hijos.

Recordando a mi padre querido/ recordando lo bueno que fue/ se me nublan los ojos de llanto.

Éramos una familia muy humilde. Concha Pérez, mi madre, era natural de Lugo en España.

Madre, madrecita mía, / recuerdo que de niño/ en sus brazos me arrulló. / Madre, cuantos sinsabores/ cuantas privaciones/ por mí soportó…/

Ella me llevaba al cine para ver películas de su tierra en las que Imperio Argentina triunfaba, regresábamos a la casa tarareando las canciones de aquellos filmes:

El día en que nací yo / que planeta reinaría/ Por donde quiera que voy / que mala estrella me guía. /

Parece que mi estrella no era tan mala. Cuando tenía ocho años, un hecho fortuito cambiaría mi vida. En un sorteo de la firma cigarrera Regalías el Cuño, mi padre recibe como premio una finca en Catalina de Güines. Fue un cambio muy brusco. Todo era diferente. La casa era espaciosa. Los niños teníamos un mundo nuevo por descubrir. Había gallinas, vacas, bueyes, caballos. La escuela estaba alejada, en un paraje llamado Chucho María, debía ir montado a caballo. Mi maestra Isabel Rodríguez, de la que guardo un lindo recuerdo, me acompañaba. Me crié en un ambiente sano, lleno de amor a la naturaleza, a los amigos. En la casa se hacían fiestas y veladas familiares. María Josefa Ceballos, mi abuela paterna, le gustaba improvisar, también tenía un primo hermano que era poeta. Sin embargo, no todo era felicidad. El trabajo duro del campo le enfermó las manos a mi padre y se vio obligado a regresar a la ciudad y así buscar el sustento de mi numerosa familia. Yo apenas tenía once años, no había tiempo para jugar, además era muy malo en la pelota. Los fines de semana, iba también a la ciudad a vender mercancías. En La Habana, residía en la casa de unos amigos. Sentía nostalgia por mi familia. Siempre estaba pegado a la radio, escuchaba los boleros de Luis Marquetti, si los cantaba y la letra se me olvidaba, la inventaba. Hice más de diez versiones de «Plazos traicioneros». Éste sería mi primer ejercicio como compositor.

Primer amor, primer bolero

A los diecisiete años, por mi apariencia endeble, aún parecía un niño. Me había mudado para la casa en la que solía quedarme los fines de semana, en La Habana. Allí había una muchacha joven y bonita, que me quería como a un hermano, me enamoré, no tuve el valor para confesarle mi amor, un amor imposible. Sufrí mucho. Escribí varias letras tratando de explicar lo que me sucedía, hasta que surgió «Amor entristecido». No sabía música, cuando aquello no había grabadoras, no lograba retener la melodía.

Tenía una amiga que cantaba, Merci Ruiz, su madre, Francisca Suárez, era compositora. Le pedí que me ayudara a musicalizar mi letra, su respuesta fue: «Yo puedo hacerlo, más si tuviste talento para escribir esa letra tan linda debes concentrarte y ponerle música. La melodía hay que sentirla, vivirla». No obstante, me enseñó algo de técnica y me presentó al compositor santiaguero Walfrido Guevara quien sería mi maestro. Él se interesó por la canción y la incluyó en el repertorio del dúo Guevara-Fulleda.

Este maestro, cuenta emocionado su encuentro con Leopoldo:

> Durante una transmisión de Radio García Serra, un jovencito se sentó a mi lado tembloroso. Dijo que era de Güines, que le gustaba la composición y que quería escuchar sus canciones en la radio, pero la gente se burlaba de él. Aún sin escucharlo me solidaricé con el muchacho, pues me recordó mis propios inicios. Cuando oí «Amor entristecido» me pareció buena. Le hice algunos arreglos y decidí incluirla en el repertorio a pesar de las reservas de Fulleda, mi compañero de dúo. Actualmente escribo mis memorias. Ulloa, continúa siendo, la misma persona en alma y corazón. Es uno de los más acertados boleristas cubanos.

Jesús López Gómez fue el locutor que presentó la canción en la emisora García Serra:

> Leopoldo y yo nos conocimos hace muchos años, en la década del cincuenta. En una emisora cubana hacía sus primeros pininos este autor de la música cubana. Esos pininos tuvieron cabida en un programa que hacíamos entonces Walfrido Guevara y yo. Tanto a Guevara como a mí nos llamó la atención esa forma de expresar que tenía aquel joven, se unía a esto su manera de ser, una persona honesta, sincera. Fue para nosotros un placer encaminar aquellos primeros pasos. Hoy es una gran figura. No se podría hablar del bolero cubano si no se habla de él.

La casa en la que yo vivía se encontraba en la calle Vives, entre Carmen y Figuras. El día del estreno, estaba trabajando en la cafetería, no me separé del radio, me puse nervioso, confundí un batido de lactosa con uno de chocolate y rompí dos vasos. Estaba tan emocionado que Manuel Salazar, el dueño del lugar, me dio el día libre para que disfrutara mi éxito. Algunos vecinos me decían «el loco». No concebían que tuviera talento para escribir canciones. Me sentí alguien importante. El dúo hizo una interpretación inigualable. Walfrido también publicó la letra en cancioneros y revista.

> *Has destrozado mi vida*
> *y con ella la ilusión*
> *sin importarte el tormento*
> *que sufre mi corazón.*
>
> *Mi amor entristecido*
> *no hace más que llorar*
> *pensando en el instante*
> *en que te has de casar.*

Dime que no lo quieres
no me atormentes más.
Devuélveme la vida.
Dame felicidad.

No me dejes tan solo
que me voy a morir.
Dame de tus caricias
para poder vivir.

Merci Ruiz me llevó a Radio Salas y allí conocí a la pianista y compositora Enriqueta Almanza. Le enseñé la obra «Amor entristecido» y le pedí apoyo. Con su acompañamiento al piano, ella propició que cantaran y popularizaran la pieza intérpretes como Luisa Margarita Domínguez, Pilar Morales, Ramón de la Cruz y Erick Rivero.

Enriqueta me dio mucho ánimo, dijo que tenía «madera» y que llegaría lejos. Con el transcurrir del tiempo, ella se convirtió en una de las principales figuras promotoras de la música cubana y tuve el privilegio de que sus prodigiosas manos interpretaran mis boleros, hecho que se repetiría hasta su muerte, en 1996.

Este temprano éxito no facilita las cosas al joven tal como espera; pronto comprende cuán difícil es el camino. Es la época de un Orlando de la Rosa, un Felo Bergaza, y un Juan Arrondo, entre otros. De momento, sigue siendo «el loco» para los vecinos del barrio. Por la cafetería donde trabaja pasan muchos músicos, como Carlos Alonso (Caíto), cantante de la Sonora Matancera, y Pablo Vázquez (Bubú), contrabajista; así como la famosa Longina, mujer que inspira la bella canción de Manuel Corona.

No son pocos los intentos que hice para introducirme en el medio musical. Recuerdo que un día escuché al pianista y compositor Orlando de la Rosa concertar una cita con la cantante Olga Guillot, en la casa de esta y le pedí al autor de «Vieja luna» que me dejara participar en la entrevista. Él accedió, fui bien atendido por ambos. El único bolero que llevaba, «Amor entristecido», no era del estilo de la intérprete y nada pudo hacerse. Otros me rechazaron sin tan siquiera oír mi música.

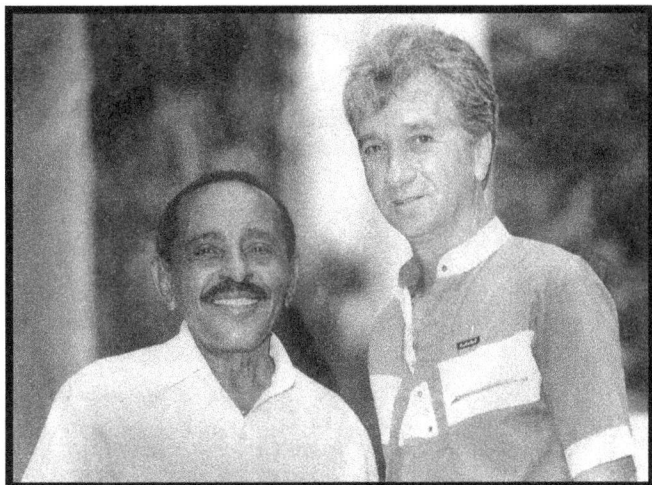

Walfrido Guevara y Leopoldo Ulloa

Leopoldo Ulloa y Carlos Alonso (Caíto)

23

La Sonora Matancera y Leopoldo Ulloa

La oficina de la Sonora Matancera se encontraba cerca de la cafetería, exactamente, en Vives, esquina Alambique. Algunos me aconsejaban que hablara con Caíto y Bubú, cuando al fin me decidí, le dije a este último: «yo compongo canciones, pero la gente se ríe». Nunca pensé que un músico de una agrupación consagrada me tomara en cuenta; sin embargo, éste me invitó a su casa para que estudiara música con sus hijos Javier y Elpidio. A pesar de que tenía que trabajar acepté. No podía rechazar aquella oportunidad.

En la casa de Bubú entablé amistad con su hijo, Javier Vázquez, que por entonces se iniciaba en la música. Este formó el conjunto Vazcané y le hizo arreglo a una guaracha mía titulada «Saboreando la raspa», la cual fue interpretada por el bolerista dominicano Tirso Guerrero quien la estrena en la radio:

> Raspa, raspa la cazuela
> ráspala, ráspala bien,
> y compártela conmigo
> porque yo quiero también.
>
> Esa sabrosa raspita
> contigo me comeré
> no me lo niegues negrita
> aunque sea por una vez.
>
> Dame pronto de esa raspa
> que estoy loco por probar.
> Dámela pronto mi negra
> que la quiero saborear.

Después del éxito de «Amor entristecido», seguí trabajando en la cafetería como dependiente. Cada día soñaba más, lo que era bueno para la música, no así para el negocio. Llegó un momento en el que tuve que escoger. Abandoné el trabajo, aunque continué viviendo en el lugar. Me dediqué a vender billete en los tranvías y en la calle, escondido de mi padre.

En 1951, inscribí mis cinco primeras obras en el otrora registro de la propiedad intelectual. De alguna manera era feliz, me encontraba en el ambiente musical. Pasaba las horas en los programas de radio y en los ensayos de la Sonora y el dúo Guevara–Fulleda. El fin de semana iba a mi casa para trabajar la tierra. Allí estaba mi querida madre, Concha Pérez, que siempre me animaba a seguir adelante.

Pasó el tiempo, y conseguí trabajo en un taller de carpintería. Me hice aparatero. Aprendí a trabajar la escopladora y la muñonera. Al tratar de probar con la sierra, el dueño del lugar me alertó, debía cuidar mis manos de artista. Estuve unos años allí, pero mi situación empeoraba y volví a vender manteles y billetes para sobrevivir.

En 1953, tuve la oportunidad de grabar, en un disco de 45 revoluciones por minuto. Me seguía gustando el género romántico, mas, entusiasmado con los ritmos de la época, preferí ofrecer algo más movido. Además, para muchos era muy joven para componer boleros. Entregué a la Sonora la guaracha Rico guaguancó, que grabaría el cantante Bienvenido Granda:

> Baila mi guaguancó
> con su ritmo sin igual.
> Báilalo mi negrita
> que yo también lo voy a bailar
>
> Quiero bailar contigo
> este rico guaguancó,
> para que tú lo vivas

como lo vivo yo.
(Coro)
Baila mi guaguancó.

Bienvenido Granda es uno de los grandes de la música cubana. Era un mulato al que Oscar Jiménez, locutor de Radio Progreso, bautizó con el nombre de «el bigote que canta». No era muy cordial en su trato, serio, corto de palabras, un hombre sencillo. Cuando lo escuchaba en la radio y en las vitrolas callejeras, lo imaginaba cantando alguna creación mía. Fue el primero en llevarme a disco una pieza, es una pena que nunca me cantara un bolero, ya que era un excelente intérprete de este género.

En 1955, el propio Walfrido Guevara me solicitó una obra para una grabación que debía realizar la orquesta Super Colosal, patrocinada por la firma norteamericana Ansonia. Después supe que el maestro había eliminado una composición suya. Le ofrecí «El son de Mateo» que fue interpretada por el sonero Cheo Marquetti, cuyo nombre no aparece en el disco, ya que estaba contratado como artista exclusivo de la Panart.

(Coro)
Sube la Palma Real, ay Mateo.
Sube la Palma Real.

Se sube a la Palma Real
el desmochador Mateo
y yo no puedo subirla
si la subo me mareo.

(Coro)
Sube la Palma Real, ay Mateo.
Sube la Palma Real.

Adónde se habrá metido.

Adónde estará Mateo,
que por más que miro
yo lo busco y no lo veo.

La palma nos da palmiche
nos da la penca de guano
pa´ cobijar el bohío
del campesino cubano.

El que me inspiró este son se llamaba Efigenio Rodríguez. Le decían Mateo, era desmochador y pocero. Le gustaba mucho hacer cuentos, decir mentiras y hacer reír a la gente. Sin embargo, cuando se enteró de que yo le había dedicado un son, comenzó a buscarme machete en mano ya que se sentía burlado. Yo me moría de miedo, él era un hombre muy fornido. Por suerte, escuchó la canción en la victrola del bar, el pueblo lo felicitó y finalmente, al encontrarse conmigo, me dio un abrazo.

La orquesta de Belisario López y el dúo Los Compadres, con posterioridad, interpretarán así mismo este son. El intelectual cubano, Samuel Feijóo, en más de una ocasión, elogia la letra de «El son de Mateo», y la cita como ejemplo de una canción popular escrita sin chabacanería, la compara con los poemas sones de Nicolás Guillén.

(…) con un son más elaborado nos topamos. Ya no es el ritmo que entra, y torna, y todo lo dispone a su caliente y desaforado propósito de ritmo bravo y sin más fin.
En este son nos topa un cuidadoso poeta.[1]

Otro montuno muy escuchado en esa época es «Amarra el lechón» y vamos, cuyo texto, lleno de gracia popular, creó el padre de Leopoldo. La composición integraría el repertorio de Los Compadres:

---

[1] Revista *Signos.*

Amarra el lechón y vamos
que el guajiro ya nos vio
ese lechón es robado
y de ese no como yo.

Si quieres comer lechón
tienes que pagarlo bien
y después que tú lo pagues
lo comeré yo también.

Ese lechón es robado
y de ese no como yo
no como yo,
no como yo,
de ese lechón no como yo.

Si este lechón es comprado
entonces sí como yo.

Lo como yo, lo como yo,
de ese lechón sí como yo.

A propósito, nos dice Reynaldo Hierrezuelo:

Leopoldo Ulloa era un compositor completo, muchos lo recuerdan como bolerista, pero fue también un excelente sonero.

Había pocos compositores que hacían lo que él podía hacer. Su formación era autodidacta, como la del Benny Moré, mi propio hermano Lorenzo y la de tantos otros músicos que no se podían dar el lujo en aquella época de estudiar música. Nosotros éramos once hermanos, mi madre trabajaba en el reparto Vista Alegre, en Santiago de Cuba, mi hermana Caridad y yo la esperábamos todos los días cuando venía con la cantina en la mano para alimentar a toda la familia. ¿Cómo se podía pagar a un maestro así? La música nunca faltó, yo observaba con cuidado cuando Lorenzo tocaba la guitarra y así aprendí, y hasta de vez en cuando daba mis serenatas, recuerdo en especial una que le di a Celia Sánchez, el padre pagaba bien. Lorenzo se fue casi a pie para La Habana a probar fortuna. Ya aquí cantaba acompañado de María Teresa Vera. Un día en 1949 ella se enfermó y entonces habló con Repillado y como eran parientes le llamaron al dúo Los compadres. No fue hasta 1954 que yo lo sustituyo y para no desentonar, ya que él tocaba un tipo de laúd que tenía una sonoridad diferente, me mandé a hacer un instrumento parecido el cual llegué a dominar bastante y fue fundamental para Los Compadres. Las canciones de Leopoldo tenían esa sabiduría especial del campesino cubano, no eran chabacanas, aunque sí tenían ese doble sentido que tanto gusta al pueblo. La última vez que vi a Leopoldo fue cuando le grabamos otro son para La Vieja Trova Santiaguera Cubano de pura cepa, fue poco tiempo antes de él morir, estaba muy entusiasmado cuando le entregué el CD grabado en España.

A pesar de sus éxitos iniciales en los referidos géneros: *guaguancó*, *son*, *guaracha* y un *montuno*, Ulloa no ceja en su propósito de crear boleros, según consta en una carta que, en 1955, envía a Enriqueta Almanza y Pilar Morales.

…De nuestro ambiente musical les diré que el cha-chachá, está acabando, se oyen por todas partes, yo en el ambiente musical sigo en la sombra, después que ustedes me interpretaron Amor entristecido (para mí inolvidable, fue mi primer número) la Sonora grabó para discos Seec-co Rico guaguancó y Tirso Guerrero me cantó la guaracha porro Saboreando la raspa. Hice un afro, El látigo, y se lo di a Celia Cruz, ella dijo que estaba bueno, que me lo iba a cantar, pero no lo hizo.

Ustedes saben que desde hace tiempo yo estoy luchado con la música sin lograr el éxito deseado, pero eso no me hace desmayar pues estoy estudiando y ya estoy en segundo año de solfeo, teoría y piano a ver si Dios quiere que cuando termine mi estudio pueda ver mis sueños realizados.

Leopoldo Ulloa, el periodista Bruno Javier Machado y Walfrido Guevara

Tirso Guerrero en Radio Progreso. Foto: Cortesía de Helio Orovio

CELIA CRUZ

Por aquellos tiempos, Bienvenido Granda se separa de la Sonora Matancera y entra a formar parte de la agrupación, Celio González. Compuse una canción dedicada a las madres. Caíto me propuso dársela a Carlos Argentino, un cantante con mucho éxito, que se encontraba de visita en Cuba, y como tantos otros, se hacía acompañar de La Sonora. Pero ya el argentino tenía en su repertorio una pieza con ese tema y Celio la rechazó, por no tenérsele en cuenta, en orden primario para el estreno. Celia Cruz, voz femenina de la Sonora me dijo: «Yo no soy bolerista mas te voy a cantar tu canción». El día de las madres de ese año, mi madre pudo escuchar, muy emocionada, Una flor simbólica:

Hoy me siento feliz y contento
porque roja una flor me pondré.
Pido a Dios que por siempre a mi pecho
una flor como esta le dé.

Roja flor que en el pecho llevamos
simboliza pureza y bondad,
es la madre que tanto adoramos
que nos colma de felicidad.

Madrecita, madre querida
dulce madre de mi corazón
acompáñame siempre en la vida
tu cariño es mi bendición.

Y si el tiempo que todo devora
tornara en blanco su rojo color,
tu recuerdo será luz y guía
madrecita de mi corazón.

En próximos años esta canción será interpretada por Los Compadres, el conjunto Vazcané, e Iluminada Zequeira. Pero Leopoldo jamás olvida el gesto de Celia, La Negra de Oro, como cariñosamente le llama, que nace al igual que él un 21 de octubre. Con anterioridad, ella le había cantado «María la cocinera», una guaracha escrita en honor a María, una cocinera sin par de la cafetería donde él trabajó.

Esto ocurrió en Radio Progreso. El locutor Pimentel Molina dijo: «Celia abandona ahora las canciones de cuna y otros géneros y se nos mete a cocinera». Yo, que estaba sentado en la primera fila del estudio de transmisiones de la emisora, me emocioné mucho al oír la guaracha. Apenas podía pararme cuando Oscar Jiménez, otro conductor del programa, afirmó que era un joven muy prometedor.

Celia Cruz (1957) https://commons.wikimedia.org/Celia Cruz.

Historia de una canción: «En el balcón aquel»

Era una tarde del mes de enero, una tarde gris, una tarde fría. Yo tenía diecinueve años, me dirigía a la casa de mis tíos por la calzada de Güines. Vi a una muchacha rubia asomada a un balcón. Me apresuré, pensando cómo hacerme notar. Al acercarme, comprobé con alegría que la joven se encontraba en el lugar que yo iba a visitar. Casi corriendo subí las escaleras. Mi tía me la presentó.

Yo te miré y en un beso febril/ que nos dimos tú y yo sellamos nuestro amor.

No fue tan fácil conquistarla. Le dije a Elvira Robles, que así se llamaba, que yo era compositor, sin sospechar que esta sería mi desventura, ya que ella había sufrido un desengaño amoroso con un creador musical.

/Recuerdas tú la luna se asomó/ para mirar feliz nuestra escena de amor. / El balcón fue nuestro cómplice, vivimos un apasionado romance, pasábamos horas y horas con la luna como único testigo. / Hoy ya no estás y lleno de dolor/ muy solo en el balcón suspiro por tu amor. /

Todo terminó, pero yo seguí visitando la casa de mis tíos y siempre me asomaba al balcón recordando a Elvira. Allí me inspiré e hice el texto de la canción.

Recuerdas tú Elvira Robles:

> Mi familia vivía al lado de la de él, no fue tan casual nuestro encuentro, siempre lo veía cuando llegaba y aquella tarde me decidí y lo esperé. Yo fui la que tuve que terminar con él, pero nuestra relación fue muy linda, pero imposible. A veces voy caminando por las calles y escucho «En el balcón aquel», «Mi súplica» y otras canciones que me dedicó y me quedo abstraída escuchando, la gente piensa que estoy loca, por cierto, es una lástima que canciones

33

tan bonitas cada día se escuchen menos. Hay que hacer algo para que no muera el bolero que en definitiva es lo más importante.

Pasó el tiempo y un día, en 1958, fui a visitar a Celio González quien estaba muy triste, su pequeño hijo Celito estaba enfermo. Se quejaba de que nadie había ido a verlo. Recuerdo que le llevé algunas viandas y pollo. Tal vez por agradecimiento, me pidió un bolero, le ofrecí «En el balcón aquel». Luego de escucharlo me mandó a hablar con Severino Ramos, arreglista de la Sonora, para que le hiciera el arreglo. Se grabó en disco, acompañado de Humo, primer instrumental de la Sonora.

> *Recuerdas tú, aquella tarde gris,*
> *en el balcón aquel donde te conocí.*
>
> *Yo te miré y en un beso febril*
> *que nos dimos tú y yo sellamos nuestro amor.*
>
> *Recuerdas tú, la luna se asomó*
> *para mirar feliz nuestra escena de amor.*
>
> *Hoy ya no estás, y lleno de dolor*
> *muy solo en el balcón suspiro por tu amor.*
>
> *Tú volverás me dice el corazón*
> *Porque te espero yo colmado de ansiedad.*
>
> *Y me darás tu amor igual que ayer*
> *y en el balcón aquel la luna brillará.*

Esta letra tiene el mérito de ser natural. En ella, una vez más, en nuestra música popular la luna se toma como testigo y cómplice de una relación sentimental. El conjunto resulta emotivo y permite a Ulloa trascender como creador musical.

No sé qué decir del éxito de aquella canción. Por poco enloquezco al oírla en cada calle, en cada esquina, donde quiera que hubiese un radio, una victrola. Tuve que solicitar los servicios de un psiquiatra. Nunca pensé triunfar con ese bolero, para mí su letra era algo cursi, muy sencilla...

Sencilla, pero muy bella, opina el crítico Helio Orovio:

> Es un bolero tango. Tiene en el fondo el aire del tango. Una impronta tanguística o tanguera, llama a la reminiscencia, al recuerdo de una escena de amor, a quién no le llega esto. Por otra, parte la melodía está bien lograda, con esa fuerza que le da la fusión del bolero y el tango que están unidos en sus orígenes, porque ambos salen de la habanera cubana. Toda esa fusión hace que sea un clásico de la cancionística cubana. Es sencillamente poesía.

Mientras, al también musicólogo Raúl Martínez, la canción le trae nostálgicos recuerdos:

> A principio de los años sesenta, todavía existía el original paseo de los paragüitas del Prado, la acera y portal del hotel Saratoga. Yo era muy joven, caminaba enamorado. Era la época de grandes boleristas como Orlando Vallejo, Roberto Faz, Orlando Contreras; de pronto sentí una hermosa melodía. Sencilla, llena de valores muy reales, lo cual me emocionó totalmente. *Recuerdas tú....* Con el tiempo me enteré que su autor se llamaba Leopoldo Ulloa.

Larga es la lista de todas las versiones. La cantan, entre otros, Los Papines, José Tejedor, Frank Hernández, Lino Borges, Néstor del Castillo, Manolo del Valle, María Elena Pena, Benitico Yanes, Adolfo Alfonso, Pablo Santama-

ría, Alfredo Rodríguez, Roberto Sánchez, Sindo y María Elena, trío Los de América, trío Azteca, dúo Enigma.

Le entregué, entonces, a Celio González otra partitura: «Mi súplica», que también me había inspirado la joven del balcón. Se trataba de una tierna melodía para recobrar un amor perdido. Eran canciones que había compuesto en ese estado febril que provoca el amor y estaban guardadas en mi gaveta esperando una oportunidad.

Oye un momento mi súplica de amor
escucha, te lo pido, te lo ruego, por favor
quiero que seas mía, totalmente y nada más,
una vez en la vida demuéstrame tu amor.

Mira, hay momento que nunca volverán,
por eso es preciso aprovechar esta ocasión
dame en un beso de nuevo el corazón
que lleno de embelezo me entrego a tu pasión.

No olvides que nadie en la vida
a ti te ha querido como te quiero yo
recuerda aquellos momentos
que juntos muy juntos pasamos los dos.

Oye, ten conciencia y no juegues con mi amor,
escucha, te lo pido, te lo ruego, por favor,
vuelve que te espero con loca adoración
para colmar las ansias que tengo de tu amor.

Con el transcurso del tiempo, en la década de los años sesenta, «Mi súplica», tendría otro genial intérprete en el cubano Antonio Machín, quien, hasta su muerte en 1977, fijó su residencia en España y en ese país, conoce la obra de Ulloa gracias Channy Chelacy.

Leopoldo guarda con amor una fotografía de Machín, en la cual este le explica que piensa incluir «Mi súplica» en su repertorio.

Siempre admiraré a este cantante por tres razones. Porque vivió por más de treinta años en España y nunca renunció a su ciudadanía cubana, además interpretó la música de muchos autores nuestros y los dio a conocer en el país ibérico y por gustarme su apasionado modo de interpretar bolero

Desde España Antonio Machín, le remite un disco de larga duración, en cuya portada anota:

Leopoldo, tu canción Mi súplica, pega por aquí. En mis actuaciones es muy solicitado. Espero que esta no sea la última que me envíes.

Mi súplica fue grabada con el arreglo del pianista Francisco Burull para la firma española Disco–Phon.

En la década del noventa la Sonora Matancera graba un disco con el título *Veinte boleros de oro*. El único autor que tiene incluidas dos obras será Leopoldo Ulloa: «En el balcón aquel» y «Mi súplica». En la presentación del mismo opinan sus patrocinadores, Seeco Records y Discos Fuentes:

…Ya en los comienzos del 50, la agrupación obtiene fama internacional y en este mismo año entra Celia Cruz y graba con la Sonora un hermoso repertorio de canciones, después vino el desfile de estrellas, entre los que se destacaron Nelson Pinedo, Celio González, Leo Marini, Estanislao Sureda (Laíto), Carlos Argentino y muchos más hasta llegar al número de 50.
Cada uno de estos artistas dejó páginas inolvidables en el diario musical de la Sonora Matancera; sería preciso un libro para escribir no solo de sus cantantes, sino también sobre el inimitable elenco de músicos que por sus filas pasaron.

Lugar privilegiado en este elenco ocupa Leopoldo Ulloa, aquel adolescente que un día se le acercó tímidamente a Bubú para expresar sus deseos de hacer música y gracias a la Sonora y a intérpretes como Walfrido Guevara, Cheo Marquetti, Los Compadres, Enriqueta Almanza, Bienvenido Granda, Celia Cruz y Celio González, pudo ver sus sueños cumplidos en esa época prodigiosa de los años cincuenta.

Leopoldo Ulloa y Celio González

Canto a mis penas/ Mis alegrías...

En 1959, cuando triunfa la Revolución, Leopoldo aún era un hombre joven. Se había mudado para un cuarto en la barriada de El Cerro, alquilado por su hermano Alberto a una española llamada Cándida Martínez, lugar donde vivirá hasta el día de su muerte.

Bolero, Señor don bolero/ tanto que me gustas tanto que te quiero. /

Mucho le había dado el bolero a Leopoldo Ulloa, pero mucho más tenía que ofrecer este joven autor. En la década del sesenta más de un intérprete se consagra cantando piezas suyas, nombres como José Tejedor, Lino Borges, Néstor del Castillo, Roberto Sánchez, Frank Hernández, Iluminada Zequeira, Benitico Llanes, y Lázaro Herrera se inscriben en la lista de boleros de oro cubanos con una creación de Ulloa.

José Tejedor: Un intérprete inolvidable

Un día, a fines de 1958, cuando regresaba a mi casa de Vives, me encontré en la cafetería a un grupo que escuchaba con atención a alguien que se hacía acompañar por una guitarra. Recordé que un vecino me había comentado sobre un ciego que interpretaba, de manera inigualable, «En el balcón aquel». Me le acerqué y le pedí que cantara la obra: él me dijo que ya lo había hecho muchas veces, pero al saber que yo era el autor, me saludó, me llamó maestro, y repitió la pieza.

José Tejedor es el nombre de este desconocido que pronto se convierte en una estrella de la canción. Su voz clara y melodiosa lo harían intérprete único de boleros y canciones a las cuales les da un toque personal. Con Luis Oviedo forma un binomio Para muchos, Tejedor y Luis son la misma persona.

El dueño de una importante firma disquera me pidió que le diera una partitura a Tejedor, quien había grabado con mucho éxito versiones de dos canciones extranjeras. Le ofrecí, «Si pudiera verte». Javier Vázquez le hizo el arreglo:

> *Saber de ti*
> *es todo lo que quiero*
> *aunque no pueda verte*
> *ni estrecharte jamás.*
>
> *Saber de ti*
> *es todo lo que anhelo*
> *aunque más nunca*
> *te pueda yo besar.*
>
> *Quiero saber*

si todavía mantienes
la promesa de amarme
para toda la vida.

Quiero saber
si en tus recuerdos viven
esos dulces momentos
de nuestro gran amor.

Saber de ti…

Afirma Tejedor:

> Al inicio, tuve cierto recelo con esta canción. la
> letra dice Si pudiera verte y yo soy ciego. Pero
> luego de escucharlas varias veces, comprendí
> que el contenido no tenía nada que ver con mi
> impedimento visual.[2]

Esta canción se convirtió en un éxito, el primero de la trilogía Tejedor /Ulloa /Vázquez.

Sin duda alguna una pieza notable de los integrantes de esta unión será la canción «Como nave sin rumbo».

Titubeé antes de darle la canción a Tejedor, pues el tex-
to es largo y el cantante debe memorizar la letra. Sin em-
bargo, a este le gustó tanto que la aprendió rápidamente.
Siempre la citaba entre sus canciones preferidas.

> *Vagando por el camino de la vida*
> *como nave sin rumbo contigo me encontré.*
> *Tratando de hallar alivio a mí tormento*
> *para calmar mi sufrimiento y en tus*
> *mentiras me enredé.*
>
> *Mentiras fueron tus besos y caricias*
> *que se alejaron de mi lado*
> *para nunca volver.*

---

[2] Entrevista realizada por Leopoldo Ulloa y Rogelio Onés a José Tejedor.

Dejando mi corazón atormentado
por recuerdos de un pasado
que tanto me hace padecer.

Por qué te habré conocido
si tu amor no era verdad
porque tanto te he querido
si estás llena de maldad.

Vagando voy por el mundo sin aliento
ya nada calma el sufrimiento
que tanto me hace padecer.
Y siento como mi vida se consume
por un amor que nuca supo
este cariño comprender.

Hay una canción que une en lo sentimental a Leopoldo y a Tejedor: «Tú sí me comprendes». Esta obra Leopoldo se la dedica a su esposa Julia Ruiz Moliner, pero también será la canción preferida por Mercedes, la esposa de Tejedor, quien opina que Ulloa, sin darse cuenta hizo una pieza para dos.

Tus ojos son la luz de mi vida
sin ellos yo no puedo vivir
comprende que si de mí te alejas
de pena yo me voy a morir.

Me siento cuando estoy a tu lado
dichoso del amor que me das.
Tus ojos son la luz de mi vida
tus ojos son mi mundo de paz.

Es por eso que cuando estoy contigo
se disipan las penas de mi ser
porque sé que nadie me comprende
como tú me sabes comprender.

Si alguien lo sabía comprender esa sería Julia Ruiz Moliner a quien conoció en 1961 y con la que se casaría años más tarde. De esa unión nacerían dos hijos: Leopoldo y Leonel. Este cambio provocaría para el autor, que canta a su propia vida, una forma nueva de inspiración, dejaría de ser el hombre solitario atormentado por penas de amor para convertirse en el enamorado agradecido como confiesa en el texto de la canción «Llegaste a mí» con la que en 1972 recibe trofeo y diploma en el festival Festival del Creador Musical. En una entrevista, que por aquellos días concede a un periodista en Bohemia, asegura:

Este festival es inolvidable para mí. El trofeo que me dieron es lo más grande que he recibido en los veinte y pico de años de carrera como compositor…

…Desde un inicio yo pensé enviar mi canción, la había terminado dos meses antes de comenzar el evento y tenía miedo, estaba acomplejado, pensaba que mi música no era para festivales. Fue tan grande mi alegría al saber había sido seleccionado que ni pude almorzar. Mi primer deseo fue pasear por el pueblo.

A pesar de los éxitos obtenidos, en más de veinte años de carrera, Leopoldo continúa siendo un hombre sencillo, esta canción la compone en su vivienda de Catalina de Güines, exactamente en el tramo que va de su casa a la siembra. Primero la música, después la letra.

Pensé que no era conveniente dársela a José Tejedor sino a otro intérprete más temperamental. Pero los organizadores del evento seleccionan al famoso bolerista que hizo una interpretación inolvidable.

Llegaste tú
en el momento más preciso de mi vida.
Llegaste tú,
pues me esperaba mi paciencia ya vencida

Llegaste tú
y tu presencia dio calor a mi figura.
Tornaste azul el manto gris que me envolvía.

Llegaste tú
para vestir de nuevo mi alegría.
Llegaste con tus ardientes besos
con tu loca pasión
con tu loco embeleso.

Llegaste al fin
basta ya de pesar.
Llegaste tú
Llegaste a mí.
Tenías que llegar.

La viuda de Leopoldo recuerda.

Mi hermano estaba casado con la hermana de él. Yo vine de visita para Catalina, quería regresar pronto a Santa Clara, pero el padre de Leopoldo estaba muy enfermo y me quedé para ayudar a su hermana y a su madre. Entonces lo conocí, me enamoré y no regresé. En 1962 nos casamos. Todavía recuerdo cuando leí la primera canción que me dedicó, dejó un papel escrito sobre la mesa, era «Tú sí me comprendes», me emocioné, se me aguaron los ojos, pero cuando me preguntó mi opinión, no le dije nada, yo era muy tímida. Hoy me arrepiento. Me gustan todas sus canciones, lo amé mucho.

Eran momentos muy tristes para mí, mi padre se moría, por esos días me quedé en la finca junto a mi madre. Un día llegó Julia, joven tierna, tímida con esa bondad que sólo tienen las personas del campo, se dedicó a cuidar a mi padre al que apenas conocía. Me enamoré... Las letras de mis canciones cambiaron, pero tenía muchas que aún no habían sido interpretadas y que gracias a intérpretes como Tejedor vieron la luz.

A lo largo del tiempo, cultivé la amistad de Tejedor, la de su hermana Julia y su esposa Mercedes. Cuando nuevos autores se acercaban, con el fin de que los ayudara a introducirse en el ambiente musical, sin pensarlo dos veces los llevaba a su casa, en San Miguel del Padrón.

Él escuchaba las canciones con su oído privilegiado y así convirtió en éxito composiciones como «Caricias mortales», de Roberto Barrios, «Mi sueño prohibido», de Raúl Martínez y «Fantasma del ayer», de Guillermo Sandoval, entre otros.

En 1962 José Tejedor recibe un disco de oro por la popularidad y la venta que logra «Pasión sin freno», de Ulloa. Afirma Tejedor: «Para mí fue un estímulo de estimable valor para mi carrera, pero lo más importante consistía en que se trataba de una creación de mi amigo Leopoldo Ulloa».

Qué importa
que te hayas olvidado
de todo esos besos
que un día yo te di.

Qué importa
si de nuevo la vida
nos pone frente a frente
nos hace recordar.

Qué importa
que te hayas olvidado
si al verme nuevamente
me vuelves a querer.

Y ahora
después de tanto tiempo
esta pasión sin freno
ha vuelto a renacer.

Yo sé mi bien que tú
no podrás olvidarme
y aunque digas que no
por siempre me amarás.

Porque los besos míos
aún viven en tu boca
por siempre vivirán.

Leopoldo Ulloa se pregunta:¿por qué no hacer un bolero para homenajear al bolero, al *Señor don bolero*?, y quién mejor para cantarlo que José Tejedor. Una vez más se dirige a su casa. Tiene sumo interés en estrenarlo en el festival *Boleros de oro* de 1991.

En los festivales no se admiten estrenos, salvo excepciones. Así que fui a ver a José Loyola, primer vicepresidente de la UNEAC, y este me autorizó. Sin embargo, José Tejedor se encontraba enfermo. Su memoria le fallaba. Estaba retirado. Entonces le canté la canción, él se movía nervioso en el sillón. Me pidió que fuera más despacio.

En el festival Boleros de Oro *de 1991, Tejedor subió a la escena por última vez para ofrecerle al público: «Señor, Don Bolero». La grabación que se realizó en el evento no aparece, así el único testimonio que queda es una cinta magnetofónica que guarda su viuda, en la que José Tejedor canta el bolero acompañado de la guitarra.*

Bolero, Señor Don Bolero
tanto que me gustas
tanto que te quiero.

Bolero, nunca me abandones
porque si me faltas
de tristeza muero.

Bolero, Señor Don Bolero
que das a mi vida dicha y alegría

tu texto conmueve a mí ser,
y alegras mi alma con tu melodía.

A través de ti
me puedo expresar
y comunicar todo mi sentir.

Le canto a la Patria
a la madre amada
al hijo, a la esposa
y a la paz ansiada.

Bolero nunca me abandones
porque si me faltas
de tristeza muero
Señor Don Bolero.

José Tejedor se vio obligado a subir varias veces al escenario y tuvo que continuar cantando a capella. Hasta que le dijo a Luis: «Puedo morir tranquilo porque sé que hay un pueblo que me quiere y no me olvida, aunque este retirado».

Leopoldo Ulloa y José Tejedor

Lino Borges (Canto a mi propia vida)

A Lino Borges y a Leopoldo Ulloa los unió, además del bolero, una larga amistad que se acentuó en los últimos años ya que eran vecinos en la barriada de El Cerro. Según cuenta Lino, la infancia de ambos se desarrolló en el ambiente sano de La Habana campo.

> Nací el 8 de agosto de 1932, en el poblado de Batabanó, desde pequeño me dediqué a las labores agrícolas. Siempre me gustó cantar. En las fiestas de fin de curso escolar lo hacía acompañado de mis hermanas. Con posterioridad, ya de manera profesional, comencé a cantar en la orquesta de José Ramón González, fundada en mi terruño natal; y me incorporé en 1952 a la Universal de Melena del Sur.

Aún sin conocer a Leopoldo Ulloa, en 1956, Lino Borges le graba el bolero–mambo «Volverás a mi lado», secundado por el conjunto Rumbavana.

> *Tú volverás a mi lado*
> *sé que jamás me olvidarás*
> *y aunque ahora estemos separados*
> *nunca de mi te olvidarás.*
>
> *Si supieras mi vida lo que siento*
> *cuando estoy alejado de ti*
> *no me hicieras sufrir ningún momento*
> *y de nuevo volvieras a mí.*
>
> *Tú no podrás olvidarme*
> *nunca de mí te olvidarás*
> *es inútil que trates de dejarme*
> *siempre mi amor te seguirá.*

Si bien los años cincuenta fueron muy importantes para el logro de los primeros éxitos de Leopoldo Ulloa como autor musical, fue la década del sesenta pródiga en triunfos, como el que alcanzó con José Tejedor. A la par, otros boleristas como Lino Borges, Néstor del Castillo, Clara y Mario, entre otros, graban y popularizan piezas que lo consolidan entre los más destacados compositores del género de todos los tiempos.

Lino Borges graba «Moriré de amor» para la firma Modiner y a partir de ahí logra la popularidad que aún hoy tiene.

He querido encontrar en otros labios
el calor que los tuyos me brindaban,
he buscado tu aliento en otras bocas
para calmar las ansias que tu amor me provoca.

He vagado sin rumbo por la vida
llevando sin consuelo mi destino
el dolor de saberte ya perdida,
el recuerdo de tu amor que es mi camino.

No puedo soportar esta tortura
no resisto la pena ni el dolor,
tu ausencia me ha llenado de amargura
y si no vienes pronto me moriré de amor.

Al respecto opina Lino Borges:

«Moriré de amor» es la pieza que indiscutiblemente me hizo popular, aunque después grabara importantes obras de otros autores como «Vida consentida», que se convirtió en mi himno personal. Las canciones de Ulloa siempre son bien acogidas. Pienso que él es uno de los grandes compositores de boleros en Cuba y en el resto de América Latina.

Durante esos años sesenta el catálogo cultural de Leopoldo Ulloa se enriquece notoriamente. En él se inscribe, con un triunfo total, «Qué ganas con herirme», otro bolero que así mismo populariza Borges.

Yo no puedo vivir sin tu cariño
yo no puedo vivir sin tu calor
me atormento al pensar que no me quieres
se entristece mi vida sin tu amor.

No soporto más tiempo esta condena
devuélvele a mi vida la ilusión.
Ten presente que siempre te he querido
no maltrates así mi corazón.

Qué ganas con herir mi sentimiento.
Qué ganas con hacerme padecer.
Si yo tan solo tengo un pensamiento.
Si yo tan solo pienso en tu querer.

Los años sesenta marcan otro momento singular en el conjunto de las interpretaciones que Lino Borges hiciera con obras de Ulloa al estrenarse «Tú me hiciste creer».

Lino Borges

Me hiciste creer que me querías
y al creerte te di mi corazón.
No pude imaginar fuera mentira
aquel dulce momento de pasión.

Me hiciste creer un tus palabras
y a tu amor por entero me entregue.
Sin pensar que tan caro pagaría
la ilusión que contigo me forjé.

¿Por qué te cruzaste en mi camino?
¿Por qué me fingiste un gran querer?
Haciéndome creer que me querías
para después hacerme padecer.

En tal contexto, surge «Canto a mi propia vida», estrenada también por Lino Borges. La partitura, que tiene cierto carácter autobiográfico, expone algunos elementos comunes en los textos de las composiciones de Leopoldo Ulloa: el amor, la tristeza, el despecho y la confianza.

Canto a mis penas
mis alegrías.
Canto a la dicha
canto al amor.

Porque cantando mi propia vida
se desahoga mi corazón.

Cantar diciendo la verdad
es aliviar quizás mi propio sufrimiento
vivir aferrado a un querer
que nuca pudo ser, es ese mi tormento.

Porque yo que conozco el amor

en todo su sentido
se que no puede olvidarse
cuando mucho se ha querido.

Según afirma Lino Borges, entre sus más emotivos recuerdos acerca de Leopoldo Ulloa está el estreno de «Cuánta gente» en el festival *Boleros de Oro*, de 1994, luego de varios años sin cantar por razones de salud, a cuyo restablecimiento, refiere el bolerista, contribuyeran los ingentes desvelos de Ada López, su esposa y representante.

«Moriré de amor» y «Cuánta gente» las grabé en un disco compacto en Venezuela en 1996. «Cuánta Gente» es una obra que posee el sello personal de Leopoldo, pero su línea melódica es diferente, lo cual prueba que él, en su condición de creador, no se queda atrás ante el paso del tiempo. En su letra Leopoldo deja ver al hombre maduro, preocupado por guiar a los que han perdido el sentido de la vida. Su máxima en la pieza es embellecer y mejorar la existencia.

Cuánta gente deambula por la calle
en busca de cariño
en busca de un amor.

Cuánta gente transita por la vida
ajenos a la herida
que causa un gran dolor.

Cuánta gente en forma desmedida
se entrega a la bebida
buscando solución.

Cuánta gente camina indiferente
desesperadamente
perdiendo la razón.

Así marcha el mundo

con dolor profundo
con sus alegrías.

Pues todos vivimos
bajo el mismo techo
de noche y de día.

Desecha lo malo
procura lo bueno
busca tu camino.

No duermas laureles
no culpes después
al señor destino.

Quiso el Señor Destino que estos dos grandes del bolero en Cuba fallecieran en el 2003.

Néstor del Castillo (la voz moruna de Cuba)

Conocí a Néstor del Castillo en 1965 cuando me lo presentó el locutor Pepín Carbonell. Lo escuché cantar y por su estilo que se advenía con el bolero moruno le di «Por unos ojos morunos».

A partir de la difusión de este bolero el cantante adquiere fama y graba su primer disco de larga duración acompañado por el Conjunto Caney. En él incluye cuatro obras que son versiones de «En el balcón aquel» y «Mi súplica», así como los morunos «Te me alejas» y «Adiós me dices ya».

Adiós me dices ya
sin importarte nada,
que sufra por tu amor
mi alma atormentada.

No te vayas de mí
comprende mi agonía,
me falta tu amor
como la luz del día.

No digas que te vas,
pues me causas dolor.
Bien sabes que serás
siempre mi gran amor.

Este disco tiene venta récord. Pasan los años y en 1985 le graba a Ulloa su canción predilecta; «Canción a mi madre querida» con la que, por segunda vez, rinde homenaje a su progenitora, Concepción Pérez.

Cada canción es un hijo. Toda mi obra me gusta, pero hay una que es mi preferida, la canción que más yo quiero y es la que dediqué a mi madre. Dios quiso que ella pudiera escucharla muchas veces y esa es una de las mayores sa-

tisfacciones que he tenido en mi vida. Siempre me decía: «hijo, me siento coronada con esa canción».

Madre, madre querida,
madrecita buena de mi corazón
madre abnegada y pura
la miel de su dulzura es mi redención.

Madre, madre hay una sola,
no importa la raza, tampoco el color,
porque decir madre en cualquier idioma
es rendir tributo al más puro amor.

Madre, madrecita mía,
recuerdo que de niño
en sus brazos me arrulló.

Madre, cuántos sinsabores
cuántas privaciones
por mi soportó.

Madre el tiempo ha transcurrido
y su cabello negro en blanco se tornó
pero yo sigo siendo aquel niño
que con tanto cariño, en sus brazos durmió.

Porque usted, que velaba mis sueños,
ha logrado su empeño,
pues mi vida forjó.
Madre hay una sola.

Concha Pérez, la madre de Leopoldo, muere en diciembre de 1996. Siempre fue la admiradora número uno de su hijo.

Néstor del Castillo hizo también versiones de las canciones de Ulloa Fiebre vanidosa, «Es triste decir adiós», «Moriré de amor», entre otras.

Qué triste es decir adiós
cuando mucho se ha querido
queda en penumbras el alma
y el corazón abatido.

Que triste es decir adiós
al ser que tanto has amado
que sin dejarte consuelo
para siempre te ha olvidado.

Así sufro por tu amor
desde que tú me olvidaste
sintiendo este gran dolor
que con tu ausencia dejaste.

Pero mantengo la fe
de que comprendas un día
que nadie te ha de querer
como yo a ti te quería.

Qué triste es decir adiós
cuando mucho se ha querido.

Néstor del Castillo siempre fue uno de mis intérpretes preferidos, en más de una ocasión se lo dije, él me contestaba: «Eso lo dicen todos los autores como cumplido». Hoy que él ya no está entre nosotros lo reafirmo, siento satisfacción de poder hablar sobre él. Así lo hago cada vez que puedo. Ahí están sus discos, con su bella voz, que evidencia porqué lo llaman La voz moruna de Cuba.

FRANK HERNÁNDEZ

*L*o conocí a finales del año 1964 cuando fue a verme a
Catalina de Güines recomendado por Eladio Gutiérrez,
amigo común, para decirme que él canta mi música, sobre
todo, «Moriré de amor», la cual había paseado por todo el
país con un éxito victrolero. Me encontraba descansando. No
lo evadí, pero tampoco le di la obra de inmediato. Esto moti-
va visitas reiteradas y el nacimiento de una buena amistad.

Al igual que Lino Borges y Leopoldo Ulloa, Frank, nació
en un pueblo de campo.

> Nací en Palos, el 4 de octubre de 1934. Desde
> temprano, me incliné hacia la música, mi madre
> era profesora de piano. Debuté muy pequeño en
> el coro de la escuela La Progresiva, de Cárdenas,
> donde estudiaba. Ya adulto me hice doctor en
> Ciencias Comerciales y contador público, pero
> nunca abandoné la música que era mi pasión. En
> mi pueblo, no había buenos trompetas, así que
> me trasladaba a Unión de Reyes para ensayar
> con Perfecto, un excelente trompetista que vivía
> allí. En Melena del Sur había una agrupación
> con la cual debutaron intérpretes de la talla de
> Lino Borges, esta tenía un percusionista que se
> llamaba Chucho. Recuerdo que ensayábamos en
> el acueducto del pueblo, el director se llamaba
> Ulises Sorel. Un día, Chucho me habló de la
> posibilidad de ir a La Habana para conocer a
> los empresarios José Fernández (Pepe) y Arturo
> Machado, quienes eran los dueños de por lo
> menos el setenta por ciento de las victrolas que
> había en La Habana y en el resto del país. Tenían
> una importante firma disquera, la Maype, que era
> la unión de sus nombres, en la que grababa entre
> otros, Orlando Contreras. Vinimos e hicimos
> una presentación en un cabaret de la Habana

Vieja, propiedad de Machado, que estaba por la terminal de trenes. Cuando terminamos de actuar, le dije a Chucho: estamos fritos, parece que no le interesamos, pero cuando voy a salir, se me acerca una bella muchacha, yo creo que era María Aurora Gómez y me echó una tarjeta en mi saco. Pasaron los días, cuando volví a usar el saco me encontré la tarjeta con la dirección de Machado, aún la recuerdo: Picota 265. Fui a verlo, entonces me dijo:

—Frank, no confiaste en mí. Ve a ver a Severino Ramos.

Al llegar a Lawton, calle Pocitos, donde vivía el arreglista, me recibió una mujer que me tiró la puerta en la cara. Indignado regresé a Picota y Machado me calmó diciéndome, que la mujer estaba enferma de los nervios. Él, personalmente, llamó a Severino y este me da dos números «Prefiero morir» y «Alma y orgullo», que grabé acompañado de la Universal. Se vendió en Cuba entera, fue un éxito de Santa Clara para Oriente, ya que a los dueños no permitían vender el disco en La Habana, ya que aquí tenían a Orlando Contreras. Luego me metí en el negocio de vender disco y así lo di a conocer en la capital. Recuerdo que uno de los discos que yo vendía era el de Lino Borges «Moriré de amor», esta canción me encantaba, me venía como anillo al dedo por una situación amorosa por la que yo estaba pasando, así la canté en muchos pueblos que no conocían el disco que había grabado Borges. Un día recojo en mi carro a un hombre sencillo, Eladio Gutiérrez, este me dice que era admirador mío y me habla de Leopoldo Ulloa, me dijo: «si quieres vamos a su casa, en Catalina de Güines, y te lo presento». Recuerdo que cuando llegué, Leopoldo estaba sucio, lleno de tierra colorada, arando con los bueyes, así que en aquel momento no me pudo atender y regresé en otra oportunidad. Nos hicimos amigos y me dio un número que había compuesto tiempo atrás, pero que no había terminado, su título era «Me equivoqué». Ya la Revolución había triunfado y le ofrecía a los artistas la posibilidad de grabar con la Egreem, le hablé sobre ello a Leopoldo y me dio mucho ánimo, soy autor gracias a él, que me dijo que podía incluir en el disco un número mío «Tu juguete», así lo hice, y aunque tenía la oportunidad de grabar con agrupaciones que en aquellos momentos eran muy populares, preferí hacerlo con una excelente orquesta de provincia Habana: Güines, Estrellas del Ritmo. El disco pegó mucho, se vendieron miles y miles y aún hoy esta es la canción que me identifica como cantante. Leopoldo fue mi padre, mi hijo, el hermano que no tuve. Muchas veces dormimos juntos en su cuartico de El Cerro en dos colombinas que tenía allí, el que primero se acostara escogía la mejor. Trabajamos mucho. Todavía no me acostumbro a la idea de su muerte, por eso en mi casa, a la que iba casi todos los fines de semana, aún tengo su pijama esperando por si regresa. Estoy preparando un popurrí con sus canciones, era un gran bolerista y amigo.

Qué desesperación
estoy viviendo,
por la equivocación
que tuve con tu amor
de pena estoy sufriendo.

Qué desesperación
de tanto amarte.
Vive en mi corazón
huérfano de tu amor
sin poder olvidarte.

Me equivoqué
al pensar que me querías
y fue tal vez
por tu coquetería.

Me equivoqué
y el precio que estoy pagando
por esta equivocación
de pena me está matando
y al abismo va llevando
en tinieblas mi corazón.

Para respaldar el éxito de «Me equivoqué» le ofrecí a Frank «Destino marcado», que también logra gran audiencia en 1965.

Toda vestida de blanco
te tuve que contemplar
y aunque llorabas por dentro
no te pude consolar.

El pulso tembló en la firma
que tu destino marcaba
porque era mío tu amor
y a otro se lo entregabas.

No pude hacerte feliz
mi situación lo impedía
y aunque anillo no te di
bien sabes que te quería.

Lo que pasó entre nosotros
en nosotros quedará.
Lo mismo que no te olvido
tampoco me olvidarás.

Con posterioridad a este bolero, Hernández le graba «Perdido en la multitud».

> Perdido en la multitud
> cansado de tanto andar.
> Estoy buscando a mi amor
> y no lo puedo encontrar.
>
> Perdido por su querer
> sin poderlo remediar
> no sé lo que voy hacer
> sino lo puedo encontrar.
>
> Camino en la muchedumbre
> donde todo es confusión
> y en cada rostro que miro
> palpita mi corazón.

Wilfredo Mendi

En la década del sesenta, Gregorio Toraño me presentó a Wilfredo Mendi, en el cabaret Night and Day, lugar en el cual el cantante tenía un rotundo éxito.

Allí alternaba su actuación con figuras como Benny Moré, Orlando Contreras, Chucho Álvarez, Berta Peínas, entre otras. En aquellos momentos ya contaba con el calificativo de «La voz de oro». Mendi, que llegó a ser uno de los primeros vocalistas románticos del país, me manifiesta su deseo de grabar una pieza mía; yo que estaba encantado con el timbre de su voz, le ofrecí «Regálame un recuerdo».

Regálame un recuerdo
de una caricia tuya.
Regálame el recuerdo
de un minuto de amor.
Y entrégame en un beso
un poco de tu aliento.
Para poder vivir
sin tanto sufrimiento.

Regálame la dicha
de estrecharte en mis brazos,
de mirarme en tus ojos
de sentir tu calor.

Y entrégame en un beso
un poco de tu aliento
para poder vivir
sin tanto sufrimiento.

Conserva en tu memoria
la imagen de este sueño
para que no te olvides
de lo que fue tu amor.

Y cuando ya estés lejos
quizás entre otros brazos
recuerda este momento
que vivimos los dos.

En la melódica voz de Mendi se tornan aún más románticas las creaciones de Ulloa que entonces hace una pieza en la que refleja toda la angustia de un enamorado. La titula «Demencia de amor».

Desesperado por tu ausencia
mi propio pensamiento me tortura
y en el camino estoy de la demencia
y es por tu amor que sufro esta locura.

Desesperado por no verte
siento que el corazón ya no palpita
con el febril deseo de tenerte
y aquí en mi mente su recuerdo se agita.

Desesperado por estar cerca de ti
por estrecharte entre mis brazos dulce amor
para que calmes la ansiedad que vive en mí
para que calme tus besos mi dolor.

Atormentado en mi locura
las ansias de tu amor me desesperan
vuelve otra vez y calma mi amargura.
Ven junto a mí y no dejes que me muera.

Desesperado por estar cerca de mí
Por estrecharte entre mis brazos.

No me gusta mucho hacer binomios, creo que cada cual tiene su propio estilo, para mí resulta muy difícil componer a dos manos, pero un día mi hermano Andrés me propuso hacer una composición y me dijo: «Ayúdame». Le respondí: «Ayúdame tú». Con tal título surge una canción que grabó Mendi con el Conjunto Caney.

Rotundo éxito también tiene la canción de Ulloa, en voz de Mendi, «No debe suceder».

CD de 1990 por Teca Music, Inc.

MORAIMA SECADA

Si hay una cantante de la que Leopoldo Ulloa guarda un recuerdo especial es Moraima Secada, por su forma tan temperamental de interpretar. Leopoldo se acerca a La Mora, a finales de la década de 1960, con la ayuda del mencionado compositor Channy Chelacy, quien con el tiempo sería su esposo.

Fui a verla con mucho temor, pues sabía de su temperamento y sinceridad. Además, ella mantenía una relación con Channy que era mi compadre, cada vez que se peleaban lo mandaba para mi casa. A diferencia de otros cantantes solo le llevo una pieza, así que no tendrá oportunidad de escoger. Es una balada inédita que se titula «No me dejes de amar». Moraima me mira fijamente y yo tiemblo por dentro, pero finalmente ella sonríe y me relajo. Ella es para mí una de las grandes intérpretes de la música cubana, un temperamento único, difícil de imitar. Es una lástima, que de esa canción que fue todo un éxito de la radio de entonces no se grabase un disco.

Así, en 1971, el miércoles 27 de enero, el periódico *Juventud Rebelde* dice en su sección «¿Qué hay de nuevo?».

> Leopoldo Ulloa tiene un bien ganado nombre en el cancionero romántico. Más de uno de los populares números han llevado su sigla. Sin embargo, parecía como si el tiempo de Ulloa había ya pasado y nuevas modas y modos lo sustituían, pero no ha sido así. Ahora, con No me dejes de amar, Ulloa vuelve al cancionero y nosotros le traemos a: «Una letra… Una canción».

> *Que se detenga la tierra en su girar*
> *que se detengan los astros en su andar,*
> *que se detenga el tiempo si es preciso*

pero tú no me dejes de amar.

Que se detengan las olas en el mar
que las estrellas opaquen su brillar
que se detenga el mundo si se opone,
pero tú no me dejes de amar,
no me dejes de amar.
no me dejes de amar.

No me dejes de amar
porque sin tu querer
no sé que voy hacer;
no me dejes de amar
no me dejes de amar
que voy a enloquecer.

Porque sin tu calor
aumenta mi dolor
no me dejes de amar,
no me dejes de amar.
No me niegues tu amor
no me dejes de amar.

CLARA Y MARIO

Con Clara y Mario en Cuba sucede algo parecido a la historia de José Tejedor, tienen un programa en la radio que durante años goza de la aceptación popular. Y Leopoldo, romántico, no puede menos que admirar la forma de interpretar el dúo, así que trata de acercársele para proponerle una obra.

El conocido compositor Juan Arrondo que era mi amigo hizo la presentación. Yo llevaba cuatro piezas entre ellas, «Amor entristecido». Clara y Mario seleccionan esta composición la graban y, tras ellos, surge una relación amistosa. Varias veces visité en Regla la casa de Clara, a quien recuerdo como una magnífica mujer, dulce, y, sobre todo, muy profesional para su trabajo.

Comenta Mario:

Nosotros fuimos fundadores de la televisión en los años cincuenta, aunque yo había empezado a cantar un poco antes, en 1946, con Aseneh Rodríguez, Leonel Valdés, Manolo Ortega en la Mil Diez . A Clara la conozco desde que éramos niños, ella era compañera de mi hermana, profesora de piano. En nuestro primer disco Orlando Quiroga nos bautizó con el nombre del dúo romántico de Cuba, le cantábamos muchas canciones a Juan Arrondo, él fue el que a principio de los sesenta trajo a Leopoldo a casa de Clara, era cariñoso, muy correcto, hablaba bajito, era todo lo contrario de Arrondo que era alegre y tenía otra personalidad. Recuerdo que el primer número que le grabamos fue «Amor entristecido» que tuvo muy buena aceptación, un día lo llamamos para comunicarle que íbamos a hacer un disco de larga duración y le solicitamos un estreno. Entonces nos entregó «Tú que tanto me diste».

Dúo Clara y Mario

Yo les sugerí que podían hacer un diálogo amoroso. Así podían lucirse como solistas. Ambos tenían una bella voz. La pieza marca un hito en su repertorio y aún hoy cuenta con la aceptación popular:

> *Tú que diste de la vida lo mejor*
> *tú que me quieres con ternura y con pasión*
> *tú que supiste comprender mi gran amor*
> *tú te mereces y te doy todo mi corazón.*
>
> *Tú que sufriste mi tardanza alguna vez*
> *tú que lloraste por ausencia con dolor*
> *tú que comprendes como nadie mi querer*
> *tú te mereces y te doy todo mi amor.*

Tú que al unir tu vida con la mía
me diste la alegría con que tanto soñé
tú acunas en tus brazos de mi vida, un pedazo
que siempre ambicioné.

Tú que me hablas y me miras con amor
tú que besas y me mimas con pasión
tú que me abrigas con tu aliento y tu calor
tú que mereces para siempre lo mejor.

Esta canción también está dedicada a Julia, la esposa de Leopoldo, que ya por aquel entonces se había convertido en la madre de su primer hijo, al que también nombran Leopoldo, para mantener la tradición familiar.

Es una de mis canciones preferidas, por su ternura y sobre todo porque menciona a nuestro hijo Leopoldito.

ROBERTO SÁNCHEZ

Cuando se habla de bolero en Cuba, sin duda alguna hay que mencionar a Roberto Sánchez.

En 1965, cuando yo trabajaba con Frank Hernández, Roberto me habló sobre la posibilidad de que le grabasen un disco con el conjunto Gloria Matancera. Le ofrecí el bolero «Por unos ojos morunos», que ya había estrenado con mucho éxito Néstor del Castillo.

> Por unos ojos morunos
> voy a perder la razón
> porque siempre que me miran
> me roban el corazón.
>
> Tus ojos son mi delirio
> son toda mi adoración
> tus ojos son mi martirio
> la causa de mi pasión.
>
> Con el hechizo que miras
> me envuelves en tu pasión
> me matas poco a poquito
> y embrujas mi corazón.
>
> Por unos ojos morunos
> que despiertan mi ansiedad
> estoy sufriendo de pena
> porque no me miras ya
> con el hechizo que miran.

Recuerda Roberto Sánchez:

> Nací el 26 de agosto de 1934 en San Cristóbal, Pinar del Río. Fui un niño pobre y sin zapatos. Mi padre era jornalero y malamente comíamos y almorzábamos. No obstante debuté a los 10 años

de edad como repentista en el punto guajiro. Vine a La Habana por un plato de comida en 1948, para subsistir y traía como equipaje mi música. Aquí en la capital, la cosa estaba difícil, era la época de Daniel Santo, el trío Los Panchos, el conjunto Casino, entre otros. Entonces empecé a trabajar en una cafetería en Goucuría y Libertad, allí venían tres guitarras con un negrito, Valeriano Calvo, que Dios lo bendiga, por lo mucho que me enseñó, tuvimos la oportunidad de grabar. Luego en 1960, Manolo Rifa me dio la oportunidad de cantar en un programa de la televisión, allí estaba Elena Burque, así poco a poco me fui introduciendo en el ambiente musical, aunque no vivía de la música, era bodeguero. La primera vez que grabé en Radio Progreso, las piernas me temblaban, Adolfo Guzmán me felicitó, le dije, alabao, maestro, si estoy cantando en *strike*. Me miró y dijo, usted, canta con las notas y el que canta con las notas es afinado, así que siga ese estilo. Así mi vida transcurría entre la bodega y el cabaret.

En 1965, Leopoldo tenía una habitación en la calle Serafines, en el Cerro. Yo había oído hablar mucho de él, además de ser un buen compositor él era una gran persona, al igual que Juan Arrondo, y Luis Marquetti.

Cuando empecé a trabajar con la Gloria Matancera y se me presentó la oportunidad de grabar, faltaba un número, entonces fui a su casa y él me dio «Por unos ojos morunos», pensé que era una canción muy sencilla al compararla con otras canciones que había en el disco como «Nos envidian», de José Eslaster Balar, y «Seamos amigos» de Alberto Gonzalo Valdez, sin embargo el bolero de Ulloa fue un *hit*. Con la Gloria Matancera estuve más de 14 años, grabé cerca de 100 temas visitamos México, Martinica, Guadalupe y República Dominicana, lugares que me hicieron sentir orgulloso de ser cubano y en los que pude apreciar lo que significa

el bolero. Leopoldo es para mí uno de los grandes compositores que ha dado este país su música es pegajosa, el pueblo enseguida las hace suya, por eso le grabé más de un número.

Voy a cumplir 71 años, aún trabajo mucho, estoy agotado. Por las noches trabajo en Dos Gardenias, casi no duermo. Me encanta fumar tabaco, escribo poemas y sobre todo me considero buen esposo padre y abuelo. El bolero es la vida mía, es una lástima que la vida sea tan corta. Me duele mucho cuando los grandes se mueren como Lino Borges, Leopoldo y tantos otros, pero soy muy optimista, fíjate que en estos momentos voy a engañar al bolero, voy a grabar una guarachita «Lágrimas negras», te la voy a cantar a ver que crees.

Roberto Sánchez

Creo que nunca se podrá echar en el abandono a artistas como este hombre, que aún conserva su voz como el día en que lo felicitó Adolfo Guzmán. Soy una privilegiada al poder escuchar, gracias a este libro, tanto bolero gratuito.

La influencia del cante hondo español es innegable en Por unos ojos morunos, reafirma las palabras de Helio Orovio al situar al compositor en la cima de los creadores del moruno. Además, forma parte de la consagración de Roberto Sánchez como bolerista de primera línea.

Sánchez interpreta también «Solamente tuyo», «Mi súplica», «En una tarde así», «Solamente tuyo». Viaja a México y Colombia, donde los números de Ulloa tienen buena aceptación en el público, tal es así que el cantante preparó su versión interpretativa de «En el balcón aquel».

Leopoldo Ulloa y el bolero moruno[3]

Helio Orovio

El bolero, esa forma privilegiada y popular de la poesía latinoamericana, como afirma el musicólogo colombiano Adolfo González, ha tenido una larga y rica historia. Nacido como sabemos, en la región oriental de Cuba, con su cinquillo famoso y su filiación indiscutible con la danza criolla, evolucionó al llegar a La Habana a principios de siglo, adquiriendo el ritmo típico del dos por cuatro, y ya en los años veinte, un aire emparentado con el son capitalino. De ese diálogo amoroso surge el bolero-son que tantas maravillas ha regalado al cancionero cubano y americano.

Ahí no termina, sino comienza la historia de las funciones bolerísticas. Un ritmo determinante en este trayecto es el renombrado bolero «Aquellos ojos verdes», de 1929, en que el pianista matancero Nilo Menéndez, que ya vivía en los Estados Unidos, introduce en el género elementos de la canción-*slow* norteamericana que a su vez originó la forma moderna que continuarían diversos creadores.

La década del treinta contempla la expansión del bolero hacia otras latitudes, y esta circunstancia va permeándolo de diferentes maneras en su factura e interpretación. Brotan los boleros mexicanos con un aire de ranchera en el fondo y una pléyade de nombres imprescindibles que van desde Agustín Lara hasta Armando Manzanero, sin olvidar la impronta del norte revuelto en las obras de Alberto Domínguez y otros. Sale a la palestra el bolero puertorriqueño, sostenido por una santa trinidad: Rafael Hernández, Pedro Flores y Plácido Acevedo, sin ignorar la vigencia de un «Madrigal» de Don Felo. Y hasta el Río de la Plata llega el influjo, al surgir los aportes de Mario Clavel y otros, siempre con un dejo de tango argentino en el sustrato.

[3.] Ponencia presentada en el VI Coloquio Internacional sobre el Bolero, La Habana, junio de 1992.

La ductilidad del género queda demostrada cuando en la década del cincuenta se produce su fusión con el ritmo de mambo del que nace el bolero-mambo, y más aún, se mezcla el chachachá, originándose el bolero-chá. Pero poco antes, un grupo de creadores e intérpretes habían dado «cuerpo» a una variante distinguida del bolero, tan innovadora que casi tiene forma propia: El filin, con su mundo melódico-armónico característico, venía a enriquecer y ampliar el campo de expresión del sentimiento —hecho canción e insertado en una cuadratura rítmica— este paso como música bailable a conjuntos y orquestas.

Alrededor de 1950 nace otra modalidad: el bolero moruno. Se escuchan en las voces de boleristas del momento, obras que rápidamente obtienen mucha aceptación, tales como «Entre arena y mar» de Nelson Navarro; «Maldito de mí», de Rosendo Ruiz y «Mala hierba», de Ramón Cabrera. Una nueva revolución se opera en la estructura genérica. El estilo va recibiendo el aporte de diversos autores, entre los que se destaca un guajiro de procedencia hispánica que llega tímidamente proponiendo sus piezas a vocalistas y directores de grupos musicales. ¿Su nombre? Leopoldo Ulloa.

Aunque nació en La Habana el 21 de octubre de 1931, Leopoldo Ulloa se trasladó con su familia para Catalina de Güines desde los ocho años de edad. Su niñez, adolescencia, juventud y toda su vida, ha transcurrido junto a la tierra roja de su finca Regalías. Y allí, con sólo catorce años, y en medio de árboles, animales, pájaros y frutos, hizo su primer bolero, «Amor entristecido». Desde entonces compuso otros muy difundidos: «Mi súplica», «En el balcón» y «Moriré de amor», se encuentran entre ellos.

Autodidacta, creador absolutamente intuitivo, un día compuso «Como nave sin rumbo», su primer bolero moruno grabado por José Tejedor en dúo memorable con Luis, en 1962. En él la huella hispánica viene por vía directa: su familia materna es española y la paterna de raíz peninsular, de modo que lo andaluz y morisco está en su sangre, junto a lo cubano más acendrado.

Luego surgió una larga fila moruna: «Destino marcado», «Me equivoqué», «Perdido en la multitud», grabados por Frank Fernández; «Te me alejas», «Es triste decir adiós», «No extraño tu amor», «Adiós me dices ya», grabados por Nestor del Castillo; y el representativo «Por unos ojos morunos», grabado en 1968 por Roberto Sánchez. Esta producción sitúa a Leopoldo Ulloa, como el más sostenido y consecuente creador de la línea del bolero moruno.

No puede dejar de mencionarse el trabajo de los arreglistas Severino Ramos, Javier Vázquez, Joaquín Mendivel, Pepito López y Benitico Llanes, quienes han puesto en solfa estas obras.

En la estructura del bolero moruno hay factores interesantísimos. Por un lado, se siente la influencia del canto hondo, de lo flamenco, de la música gitana tan cara a nuestra cultura. En lo melódico, es evidente el acento español realzado por el estilo cantable impuesto por nuestros intérpretes, tan cercano a las entonaciones, giros e inflexiones del canto gitano. Mientras que en el aspecto rítmico hay una evidente presencia de las células rítmicas. Es decir, que hay una contraposición dialéctica entre ambas expresiones en el seno mismo del estilo moruno. Lo que manifiesta un curioso diálogo de culturas antecedentes.

Si desglosamos por secciones la interpretación del bolero moruno en un conjunto musical, veremos que instrumentos como las claves, maracas, bongó y tumbadora, subrayan el ritmo abolereado, mientras otros como el contrabajo y el piano van marcando el obstinato rítmico del afro, y las trompetas llevan la melodía del signo hispánico. El producto melódico-rítmico es un curioso ejemplo de la mezcla afro-hispano-cubana, muy definitorio, por cierto, de nuestra música más característica.

El bolero moruno cumplió la misión de enlazarse históricamente con las fuentes de nuestra canción, al retomar los elementos hispánicos antecedentes del género cubano y fusionarlos orgánicamente con la forma nacida en Santiago de Cuba a fines del siglo XIX, y estar teñidos además fuertemente por la importancia rítmica llegada a nuestras playas del África occidental. Un mojito criollo, hecho de azúcar, ron y poesía.

ILUMINADA ZEQUEIRA

Entre las intérpretes de Leopoldo surge una voz que ocuparía uno de los primeros lugares entre los éxitos musicales de 1954 al cantarle el bolero «Tristeza en el alma»: Iluminada Zequeira.

> *Si te marchas de mi lado*
> *sin un motivo y sin razón*
> *yo me pregunto, vida mía,*
> *si es que no tienes razón.*
>
> *Cuánta tristeza hay en mi alma*
> *cuánto dolor hay en mi ser*
> *nadie en el mundo te ha querido*
> *como yo a ti te he de querer.*
>
> *Si tú supieras lo que sufro*
> *si comprendieras mi dolor*
> *me siento solo en este mundo*
> *sin las caricias de tu amor.*
>
> *Vuelve otra vez porque te espero*
> *vuelve otra vez por compasión*
> *si tú bien sabes que te quiero*
> *por qué me humillas sin razón.*

Este bolero/mambo se graba por la EGREM. Y el 17 de septiembre de 1964 el diario *La Tarde* publica una fotografía con la siguiente nota: *Iluminada Zequeira, quien ha convertido en un éxito la composición de Ulloa «Tristeza en el alma», reaparecerá próximamente en TV.*

La vi por primera vez en Radio Cadena Habana en 1960, cuando es integrante del trío de Arty Valdés. Iluminada me

interpreta además «Una flor simbólica» y «Recordando a mi
padre», esta última es una canción que hice para homena-
jear a mi padre que murió el 4 de diciembre de 1961.

Recordando a mi querido padre
recordando lo bueno que fue
se me nublan los ojos de llanto
porque sé que jamás lo veré.

Recordando su buenos consejos
recordando su afán por mi bien
me atormenta al pensar que se ha ido
porque nunca jamás lo veré.

Siempre supo enseñarme en la vida
la moral, el amor y el deber.
Nunca abandonó el hogar querido
siempre con su aliento, calor me brindó.

Hoy que su recuerdo guía mi camino
seguiré el ejemplo de su condición
padre de mi alma, aunque te hayas ido
vivirás por siempre en mi corazón.

LÁZARO HERRERA

En Güines nace este intérprete que presenta a Leopoldo Ulloa el compositor Ramón Horta. Lo trae a La Habana y graban piezas que tienen amplia difusión, sobre todo en Radio Progreso y en los programas de televisión *Vea* y *Este sábado*. Recuerda Lázaro Herrera:

> Lo conocí por mediación de un compositor de Catalina llamado Ramón Orta. Yo estaba trabajando en un cabaret de Güines, me acompañaba la orquesta swee casino. Leopoldo le dijo a Ramón que quería conocerme. El siguiente sábado lo invité, luego de escucharme cantar me dijo: «Me parece que tú puedes ser alguien en este género si te lo propones», entonces me ofreció la canción «Adiós me dices ya» y luego hizo la gestión en Radio Progreso con un señor llamado Rafael Suárez, director de programas para hacer la grabación. Grabamos dos piezas «Adiós me dices ya» y algo de Ramón Orta. Después hicimos una gira por Santa Clara, aquello fue horrible, trabajamos en los Caneyes y en un lugar llamado el Arco iris.

De Lázaro Herrera guarda Ulloa gratos recuerdos como el éxito que obtiene en la gira que realizan por Villa Clara con la canción «Adiós me dices ya». Así lo confirma el periódico *Vanguardia* el domingo 13 de enero de 1964, en la sección «Lo último».

> Lo de «Adiós me dices ya» en la provincia de Villa Clara es lo que puede llamarse triunfo total. Ulloa y Herrera nos hablan con alegría contagiosa de la acogida que tiene la pieza por parte de los oyentes que la sitúan entre las más destacadas del año 1973 en la emisora villaclareña.
> En una ocasión, Leopoldo me invitó a participar en un Festival de Boleros que se realizaría en

Alquizar, me dijo: «me van a hacer un homenaje junto a Luis Marquetti, y me gustaría que tú participaras». Llegamos a la casa de Luis, allí estaba Eduardo Rosillo, Benitico LLanes, José Tejedor, Lino Borges, Néstor del Castillo, *Bohemia, Juventud Rebelde*, entonces pensé: «esto es en grande». Sobre las nueve empezó el espectáculo en la calle más ancha de Alquizar, Rosillo era el locutor, creo que nadie ese día se quedó en su casa. Canté con Lino Borges, «Deuda», acompañado por el Conjunto Caney fue una noche inolvidable, como aplaudió el público.

Sentí mucho su muerte, aún no lo creo. Me habló mucho del libro y de usted, tenía tantas ilusiones: Me dijo. Horita te vas a morir, pero el libro va a quedar, lo va a leer la gente, lo van a leer mis hijos.

*Adiós me dices ya
has dejado de amarme,
pues no me quieres ya
y tengo que olvidarte.*

*Adiós me dices ya
no comprendo el motivo
si me falta tu amor,
bien sabes que no vivo.*

*Comprende que sin ti
me siento desvalido
pues eres para mí
lo que más he querido.*

*Adiós me dices ya
sin importarte nada
que sufra por tu amor
mi alma atormentada.*

No digas que te vas,
pues me causa dolor
bien sabes que serás
siempre mi gran amor.

Entre los años 1981 y 1982 Leopoldo funge como animador cultural en el centro turístico Escaleras de Jaruco, donde puede constatar noche a noche, cómo recibe sus boleros el público en las voces de Lázaro Herrera, Néstor del Castillo, Benitico Llanes y, Ramón Avilés, entre otros.

Leopoldo Ulloa y Lazaro Herrera en entrevista concedida para el periódico *Vanguardia* de Santa Clara, 1973.

BENITICO LLANES

Si numéricamente hubiese que escoger al cantante que más piezas le graba a Leopoldo Ulloa, hay que pensar en Benitico Llanes, director, arreglista musical y cantante del Conjunto Caney.

A finales de los años setenta, cuando Llanes integraba el conjunto D´Carlos Benitico trabajaba como productor musical en la EGREM. Me estrenó, entonces, un bolero titulado «¿Quién, pero quién eres tú?».

> *Quién eres tú*
> *que has llenado mi vida de inquietud*
> *y al llegar de repente*
> *penetras en mi mente*
> *sin poderlo evitar.*
>
> *Quién eres tú*
> *que te adueñas de mi alma*
> *y a mis noche les robas la calma*
> *sin saber por qué.*
>
> *Quién pudo ser*
> *que tan sólo una vez con mirarme*
> *a podido tan hondo llegarme*
> *no lo puedo explicar.*
>
> *Quién eres tú no he podido saber*
> *y me hace padecer*
> *esta gran inquietud.*
> *Quién, pero quién eres tú.*

Benitico acompaña además a una serie de solistas que interpretan la música de Ulloa. Entre ellos Néstor del Castillo, Wilfredo Mendi, Gina León, Pío Leiva, Caridad Hierrezuelo y Acela Green. Hace versiones de «Mi súplica», «En el balcón aquel», «Fiebre vanidosa», entre otras. La obra de Ulloa «Aquel ardiente beso», que él graba, se incluye en un disco de larga duración dedicado a la música del maestro.

No olvidarás jamás el beso aquel,
no olvidarás jamás aquella noche
fue un beso ardiente apasionado y loco
que nos dimos los dos sin un reproche.

Se estremeció mi ser con tu pasión
y el beso aquel ardiente que me dabas
sació las ansias a tu boca aferrada
y en éxtasis de amor juraste que me amabas.

Testigo fueron la luna, las estrellas,
la negra noche que cubrió nuestro amor
testigos fueron aquel nuestro romance
y aquel ardiente beso
que selló nuestro amor.

Le agradezco a Benitico Llanes la preferencia que siente por mi creación autoral y los arreglos musicales de gran calidad que realizó a mi obra. Por él la bolerista Gina León me grabó «Moriré de amor» y «En tarde así», acompañada del Conjunto Caney.

En los primeros festivales del Creador musical, que dirige Amaury Pérez (padre) se utiliza como tema musical del certamen la interpretación que hiciera Gina de «Moriré de amor», pieza que contribuye a ratificar el prestigio artístico de Leopoldo Ulloa.

Pío Leyva, el montunero de Cuba

Siempre admiré a Pío Leyva, autor de «Francisco Guaya-bal». Anhelaba hacer un montuno o una guaracha para él. En la década de los años 80 pude cumplir este sueño, me grabó con el Conjunto Caney la guaracha «Yo te aviso, cocoliso».

Camino a la barbería
Pepito se dirigió
y el barbero entretenido
la melena le cortó.
(Coro)
Le cortó, que le cortó,
la melena le cortó.

Ahora no quiere salir
y está tirado en el piso,
porque si sale a la calle
me le gritan cocoliso.

(Coro)
Yo te aviso cocoliso.

En esta guaracha una vez más aflora la veta humorísti-ca de Ulloa como autor, además de que continúa hacien-do canciones más movidas.

AURORA BASNUEVO

Como ya te dije no me gusta hacer composiciones por encargo. Pero en una ocasión, la actriz y cantante Aurora Basnuevo me pidió una pieza para interpretarla. Así me inspiré en su forma de ser y escribí la letra de esta guaracha. Por cierto, por esas cosas que tiene la vida, Aurora, nunca lo supo:

> *Soy cubano de pura sepa*
> *hecho de ritmo y sazón;*
> *me gusta mucho la rumba*
> *y bailar el rico son.*
>
> *Me arrebata la guaracha*
> *me fascina el guaguancó;*
> *y arrollando en una conga*
> *no hay quien goce más que yo.*
>
> *(Coro)*
> *Te invito mi hermano,*
> *a bailar mi son cubano.*

Aurora Basnuevo recuerda:

> Si es cierto, en una ocasión en la que me encontré con él en un programa de radio, le solicité que me hiciera un número, él era un compositor al que siempre admiré mucho, por ser tan popular y porque como persona era todo un caballero, a pesar de ser un hombre humilde. Luego este proyecto quedó ahí, usted me sorprende no sabía que me había hecho está canción y es cierto la letra tiene mucho que ver con mi forma de ser, hace falta conseguir la partitura para poder grabarla. Ahora que él ya no está creo que sería un hermoso y merecido homenaje a su persona.

ACELA GREEN

De la promoción de artistas cubanos del programa televisivo *Todo el mundo canta*, surge Acela Green, quien con el Conjunto Caney le grabó a Ulloa, «Baila, baila mi guaracha».

Es la música cubana
sabrosa para bailar;
ven a gozarla conmigo
seguro te va a gustar.

(Coro)
te va a gustar, te va a gustar;
mi guaracha te va a gustar.

Baila, baila mi guaracha,
baila de aquí pa´ allá;
porque su ritmo caliente
es cubano de verdad.

(Coro)
Baila mi guaracha.

DINO MONTES

Inicié mi carrera a los siete años en el famoso programa *La Corte Suprema del Arte*, transmitido por la radio emisora CMQ. A partir de ese momento comienzo mi vida como profesional y me dedico fundamentalmente al género lírico/español. Me presenté en todo el país en centros nocturnos, conciertos y televisión. Sin embargo, no es en esta época en la que coincido con el compositor Leopoldo Ulloa. Marché a España y, posteriormente, reinicié mi carrera en los Estados Unidos donde el primer disco que grabo se titula *Dino Monte... Señor Bolero*, expresión esta última que adopté como sobrenombre artístico. Así pude llevar el bolero moruno a diferentes escenarios de distintas partes del mundo. Es entonces que, a través de Joaquín Mendive, conozco la obra de Ulloa y le grabo el bolero moruno «Ando en busca de un cariño». Pretendo seguir trabajando con el compositor, a quien considero uno de los mejores creadores de bolero en el mundo.

Ando en busca de un abrazo,
ando en busca de un amor
que me acoja en su regazo
que me brinde su calor;
que me acoja en su regazo,
que me brinde su calor.

Ando en busca de unos labios
que me besen con pasión;
sin mentiras, sin agravios,
que me den su corazón;
sin mentiras, sin agravios,
que me den su corazón.

Ando y ando por la vida

y de tanto caminar
no cicatriza la herida
que me produce el andar.
No cicatriza la herida
que me produce el andar.

Ando en busca de un cariño
que me sepa comprender;
que me arrulle como a un niño,
que me brinde su querer;
que arrulle como a un niño,
que me brinde su querer.

María Elena Pena

La conocía de la radio y la televisión y me gustaba mucho como interpretaba las creaciones de Luis Marquetti. Un día fui a verla con la sugerencia de que hiciera una trilogía de mis obras más conocidas. Ella aceptó y las grabó para el ICRT. En el programa de televisión Quiéreme Mucho, estrenó la obra acompañada al piano por la profesora Enriqueta Almanza.

ALFREDO RODRÍGUEZ

En una ocasión muestro una obra a Alfredo Rodríguez quien luego de prestarle atención me dijo que era buena, pero que en esos momentos no tenía oportunidad de grabar. Sin embargo, casi al despedirse me prometió una sorpresa. Un día en el que me encontraba en la UNEAC, llegó el caricaturista Arístides, y me dice que Alfredo, había grabado un popurrí de canciones nombrado «Canciones de siempre», y entre estas estaba «En el balcón aquel». Después me incluye «Como nave sin rumbo en otro popurrí».

Cada vez que Alfredo va a interpretar estas piezas, hace una pausa y saluda al autor, A Ulloa, donde quieras que estés. Lo hace por toda Cuba y en España en un gesto que demuestra la admiración y el respeto que siente por él. Sería también Leopoldo, uno de los primeros músicos cubanos a los que Alfredo Rodríguez rinde homenaje en su popular programa televisivo *En compañía de Alfredo*.

SANTY GARAY Y MIGUEL CABREJAS

En Santiago de Cuba, la música de Leopoldo Ulloa es muy apreciada, tal es así que en un festival del bolero, se realizó una gala en su honor. En las palabras que aparecen en el periódico *Sierra Maestra* el 18 de junio de 1994, Ulloa dice a la prensa:

Me siento profundamente agradecido, complacido de estar en Santiago de Cuba junto a tanto valor artístico y en especial junto a Santy Garay y Miguel Cabrejas que también interpretan mis temas.

El primero le grabó el bolero «Ayúdame a vencer». A su vez Miguel Cabrejas asegura que entre los autores que siempre le han interesado se encuentra Ulloa, sobre todo en sus boleros morunos.

Pepe Merino

Este actor del bolero, en el medio de una canción improvisa, cambia la letra, la humaniza. A Leopoldo Ulloa le canta: «En el balcón aquel», «Demencia por amor», «Canto a mi propia vida», «Mi Súplica». Con esa forma suya alegre, simpática, le cuenta a Leopoldo, un día en el que se encuentran en la UNEAC, en 1995, durante un festival de Bolero de Oro: »Ayer canté tu canción. Me equivoqué y acabé con tu música, la gente se rió mucho con mis ocurrencias».

Afirma Merino:

> Leopoldo Ulloa es el compositor llamativo que llega al corazón del pueblo en cada frase, en cada nota musical. Es el corazón del pueblo que siente el bolero, que lo escribe, que llega hasta el alma para quedarse.

En 1996, en el mismo año que mueren Isolina Carrillo, Merceditas Valdés y Enriqueta Almanza fallece Pepe Merino un señor don bolero cuya ausencia se hace sentir en los festivales del género.

TRÍOS

Según Ulloa, a él le gustan los tríos. En el ya mencionado viaje que hace con Lázaro Herrera a Santa Clara conoce al trío Los D´América. A propósito, cuenta una anécdota interesante, y es la acogida que tiene la singular idea del locutor Domingo Machín de que el público pusiera título a un bolero de Ulloa, estrenado por este trío. El 6 de marzo de 1974 el periódico *Vanguardia* publica en su sección «Lo último»:

> Más de 7 mil cartas respaldan la encuesta de radio, revista en busca del título de la última canción de Leopoldo Ulloa.
> …la extraordinaria cantidad de carta —más de 7 mil llegadas al buzón de Doblevé— fueron el resultado del entusiasmo que despertó el original escrutinio. La inmensa mayoría de los radio escuchas señalaron como el título «Plenamente feliz».
> Es significativo señalar que entre las cartas que se reciben, muchas proceden de Niquero, Florida, Camagüey, Isla de Pinos, La Habana, Pinar del Río, Matanzas, Las Villas.

Yo que tanto te he querido,
con amor puro y sincero,
nunca pude imaginar
que tu cariño fuera traicionero.

Tú me pagaste en la vida
con mentira y falsedad.
Te alejaste de mi lado,
sin importarte mi amarga soledad.

Y ahora que regresas
nuevamente a mi lado,

reclamando un cariño,
que te perteneció.

Ya no me importas nada,
puedo vivir sin ti.
Soy dichoso de nuevo,
plenamente feliz.

Otro trío que también interpreta la música de Ulloa es Los Príncipes, de Sancti Spíritus, que en la opinión del creador hace una excelente interpretación de su bolero «Mi súplica».

Luis Marquetti

Recuerda Leopoldo Ulloa:

*U*no *de los momentos más emocionantes de toda mi ca-*
rrera artística fue el 19 de noviembre de 1980, cuando
tuve la oportunidad de ser homenajeado en el Primer Festi-
val de Boleros realizado en Alquízar junto a ese grande de la
música cubana Luis Marquetti, por el cual siento gran admi-
ración desde que era un adolescente, entonces le cambiaba
la letra a muchas de sus canciones cuyo texto no me sabía.

En Alquízar expresé mi deseo de que este evento se con-
virtiera en algo grande, internacional como sucede actual-
mente. He tenido la suerte de ser homenajeado varias veces
en el Festival Boleros de Oro, así sucedió en 1988 en el teatro
Carlos Marx junto a Portillo de la Luz, Rafael Ortiz, Ricardo
Pérez, Rosendo Ruiz (hijo) y Juan Arrondo (In memorian).
Luego se repite este homenaje en 1996 en el teatro América,
dedicado también a Luis Marquetti que ya había muerto.
Luego en el 2001 en el mismo teatro se me volvió a homena-
jear, pero nunca he podido olvidar aquel noviembre de 1980
en Alquízar, a los patrocinadores, al pueblo y a los intérpre-
tes que asistieron como Gina León, Manolo del Valle, José
Tejedor, Lino Borges, Néstor del Castillo, Lázaro Herrera,
Benitico Llanes y sobre todo a Luis junto a su esposa Aida.

El hijo de Luis Marquetti, el ingeniero Pablo, dice:

Tuve la agradabilísima posibilidad de conocer a
Leopoldo Ulloa en ocasión de ser homenajeado
él junto a mi padre en Alquízar en noviembre de
1980. «Dos Grandes» decía todo el mundo y es así

sin lugar a dudas. Sin embargo lo que más llamó mi atención fue su calidad humana; austeridad y discreción. Creo que Leopoldo es dos veces grande como creador musical y como ser humano.

En una ocasión Leopoldo se dirigió a la casa de Luis Marquetti con Rogelio Onés, su amigo y realizaron una entrevista al autor de «Plazos traicioneros» en la que el autor dice:

Para componer, el autor debe tener imaginación; la vida le ofrece un cuadro en bruto y es la imaginación la que debe trabajar. Se me ocurre una idea, la llamo esqueleto, la escribo en un papel, luego en mi casa la voy vistiendo, acicalando —como hacen las mujeres cuando van a pasear—. No siento predilección por ningunas de mis canciones, me gustan todas. Admiro y respeto mucho las canciones de Leopoldo, él es un gran compositor.

¡Generoso qué bueno toca usted!⁴

Reconocida es mundialmente la calidad de este trombonista, inmortalizado ya por la frase del sonero mayor Benny Moré. Es un virtuoso en materia de arreglo. Transcribió las canciones de Leopoldo Ulloa, y fue su vecino y amigo, no debe faltar su testimonio en este libro.

Leopoldo Ulloa tiene un modo de hacer sus números, distinto a los demás. Escribe sobre su propia vida, tal vez por eso sus creaciones

---

4. Jiménez, Generoso (Cruces (Cuba), 17 de julio de 1917- Miami (EE.UU.) 15 de septiembre de 2007) fue un trombonista cubano. se incorporó a la banda del cantante Benny Moré como arreglista y compositor, y se mantuvo en ella hasta junio de 1959.

tienen autenticidad y humanismo. Su música es pegajosa, hasta un niño es capaz de aprenderla con gran facilidad. Los músicos como él que desconocen la técnica, la mayoría de las veces logran llegar más al corazón del pueblo. Sus letras y melodías son sencillas, lo cual lejos de restarle méritos, lo engrandece. Siempre he querido hacer el arreglo de un número suyo. Por ejemplo, me gustaría hacer el de su último bolero «Canción por encargo», la cual es una bella pieza que reafirma mi anterior valoración. Actualmente trabajo en un libro sobre el Benny, ya que, aunque se han escrito varios libros sobre él no todos son fieles a la realidad, es hora de decir muchas verdades, «borrar falsos elementos sobre la vida del músico». Así valoro mucho el trabajo que usted hace con Leopoldo Ulloa.

Generoso, otro grande de la música en Cuba, vivía también en la barriada del Cerro, durante años lo encontramos en la bodega y en la carnicería de Manolo, luchando su ración de carne. En un bar de Agua dulce se reunían él, Lino y Leopoldo, el bar ahora es un comedor de asistencia social, ya no hay ron, pero sus paredes son las mismas y el bolero ronda cada uno de sus rincones. El día de esta entrevista él estaba muy bravo, había salido un libro sobre el Benny donde se le acusaba de ser un drogadicto: «No, eso es mentira, nosotros tomábamos ron, mucho ron pero, no mariguana». Le pregunté sobre su relación con el Benny y me dijo: «era mi compadre, salíamos de las playas de Marianao y caminábamos La Habana, siempre buscando un tema, recuerdo en especial, cuando surgió «Elige tú que canto yo», que fue una respuesta que le dio el Bárbaro del ritmo a Joseíto Fernández.

Ricardo Pérez

El autor de la conocida canción «Tú me sabes comprender» afirma:

> Admiro mucho a Leopoldo, yo empecé en el giro de la composición como él, recuerdo que en más de una ocasión tuve que esperar al Benny para que oyera mis creaciones, pero al final me las inmortalizó. Leopoldo es una gente sencilla, con una calidad extraordinaria. Pero a veces basta que una persona sea modesta para que se le resten méritos. Algún día habrá que poner a este creador en la cima que se merece.

José Antonio Méndez: «La gloria eres tú… »

Fue hace más de veinte años que tuve un encuentro inolvidable con este creador, recuerdo que estaba entonces con una amiga, Marlen Calvo, quien debía cantar junto a él en el Pico Blanco su conocida creación musical «La Gloria eres tú», nos sentamos en un solitario pasillo del hotel y guitarra en mano, el compositor comenzó a ensayar con ella la canción, al ver que esta, que apenas tenía 16 años, no se sabía la letra, dijo muy triste: «Es que a la juventud no le gusta mi música». Yo que era casi tan joven como ella, le dije: «eso no es cierto maestro», y tuve el privilegio de cantarla con él, hecho que evidencia la sencillez de este creador.

La afirmación siguiente muestra la admiración que sentía por Leopoldo Ulloa: «No me diga maestro Leopoldo, usted es tan maestro como yo».

José Dolores Quiñones:
«El hombre que posee los aretes de la luna».

En 1997, después de treinta y cinco años de ausencia, un hombre emocionado se arrodilla y besa el suelo del país que lo vio nacer. Esta imagen se repite casi a diario en todos los aeropuertos, pero lo que convierte esta escena en noticia, es que este anciano de setenta y ocho años es José Dolores Quiñones, uno de los pilares del bolero en Cuba y en el mundo. Un libro de porcelana dedicado al gran Benny Moré, constituye la joya más preciada de su equipaje.

Quiñones en materia de boleros es toda una autoridad, títulos como: «La canción del dinero», «Levántate», «Vendaval sin rumbo», «Camarera de mi amor», «Los aretes de la luna», «Un lirio en el lago», lo ubican en un lugar privilegiado entre los compositores del género.

El 3 de enero de 1997, es un día de fiesta para el bolero. En la casa de la familia de Quiñones en La Habana Vieja, se funden en un abrazo dos de los grandes, dos señores don bolero: José Dolores Quiñones y Leopoldo Ulloa. ¡Cuántos recuerdos! ¡Cuánta vida hecha canción! ¡Cuánto bolero! Se estrechan la mano con estos dos hombres, autores de más de doscientas piezas, que han hecho sufrir, han hecho cantar, han hecho recordar a tantas generaciones. Como si la luna de «En el balcón aquel» de Leopoldo se vistiera de gala y se pusiera los aretes que guarda Quiñones.

Emocionado aún ante el encuentro, Quiñones recuerda todo el trabajo que pasó cuando daba sus primeros pasos en la música, salía de Marianao, a pie, sin un kilo en los bolsillos, pero con su impecable corbata y su inseparable compañera, la guitarra. Entonces confiesa que nació en Artemisa un 22 de marzo de 1910 y no en la fecha que se ofrece en el *Diccionario de la Música Cubana*, libro que no obstante considera muy valioso.

Es difícil seguir un hilo en la conversación, entre boleros, recuerdos de tiempos pasados. Leopoldo Ulloa, que acaba de perder el 26 de diciembre de 1996 a su madre Concha Pérez, le canta a Quiñones su «Canción a mi madre querida», con lágrimas en los ojos. Quiñones, le habla de una composición similar que interpreta llorando Celia Cruz. Observan una foto, en la que se encuentran ambos junto al cantante de la Sonora Matancera, Celio González, en la finca de Leopoldo en Catalina de Güines. Los maestros se ríen y en su risa hay todavía mucha juventud; tal vez el secreto de esta eterna juventud esté en crear, porque aun hoy componen con el mismo amor y la misma calidad de hace treinta y cinco años.

Hubo espacio para recordar a los ausentes, al Benny que fue presentado a Leopoldo por Quiñones, a Isolina, de la cual guarda Quiñones un recuerdo muy especial de la época en la que trabajaron en 12 y 23 y la exhortaba a componer, pero al escuchar «Dos gardenias» exclamó: «Mira que esto es grande. Bastó esta canción para inmortalizar a mi antigua compañera de piano».

En la década del ochenta, Quiñones se dedica a escribir poesía, en 1986 gana la medalla de la poesía francesa. Le cuenta divertido a Leopoldo de sus últimas creaciones como «Cancioncita callejera» que la canta Celio González, también de «Bajo el cielo cubano» que interpreta Roberto Ledesma y su último éxito la canción «Cocodrilo verde» que grabó el brasileño Caetano Veloso. Leopoldo le habla sobre su creación «Cuánta gente grabado» recientemente por Lino Borges.

Gracias a autores como Quiñones y Ulloa y otros creadores, la música cubana está en un buen momento. Después de varias fotos con el creador de «En el balcón aquel» que Quiñones promete poner en su despacho se despiden los maestros, no volverán a verse más, pero fieles enamorados de diversas partes del mundo seguirán amándose en sus boleros.

Juan Arrondo

*A*l inicio de mi carrera como compositor, lo conocí, ya en aquel entonces era su admirador. Me gustan mucho «Alma pervertida» y «Qué pena me da». Era el típico bohemio, le gustaba trasnochar y andar de bar en bar. Me decía: «Leopoldo usted es un "Pino nuevo" y al pasar el tiempo: 'Pino te estás empinando'».

Nelson Marchena Tuero

Conocí a Leopoldo cuando me inicié como autor musical, en el momento en que fui seleccionado como presidente de los autores en Provincia Habana. Admiro su trabajo, pues siendo una persona muy humilde logró escalar la cima de los grandes, consagrándose en nuestro país e, internacionalmente, como autor musical, fundamentalmente en el género de bolero. Apenas lo conozco y establecemos una amistad que nos une como hermanos. Quisiera destacar la ayuda que Leopoldo brinda a otros autores. Muchas de mis obras, entre ellas «Viejo Lázaro» las consulto con el compositor amigo, antes de editarlas. Valoro mucho sus consejos como ese gran autor que es.

Para Leopoldo Ulloa el 50 por ciento del éxito de una canción depende del arreglo. Para él la labor del arreglista es como el trabajo de un sastre, es el vestuarista de la canción, la enriquece, la hace ganar o perder valores. En el bolero el arreglo es fundamental. Tal vez son los arreglistas los verdaderos creadores del bolero en sus diferentes versiones como resultados de la mezcla de ritmos. Recuerda con especial amor el trabajo de Severino Ramos. A propósito, dice otro gran arreglista, Rey Montesinos en su conferencia *El bolero en Cuba*:

> Un estilo de bolero que ya había hecho popular Severino Ramos, que fue quien le dio la verdadera sonoridad a la Sonora Matancera y quien hizo a muchos cantantes famosos, se iba abriendo paso con una corriente opuesta al *Feeling*: «El bolero de vitrola», llamado así por las máquinas traga monedas a cambio de discos, que eran casi todas de la marca RCA Victor y que había en todos los barrios. La máquina sustituye al trovador del bar. Se hacen famosos los boleros de Leopoldo Ulloa como «Mi Súplica», «En el balcón aquel» o «Me equivoqué». Casi todos poseen una cadencia armónica de influencia mora, que llegó a Cuba a través de España y que dio lugar a que se llamara a este estilo: Bolero moruno.

Otro músico que ha trabajado mucho la música de Leopoldo Ulloa, además de Javier Vázquez al que ya mencioné, es el maestro Joaquín Mendive, el cual fue el arreglista de «Moriré de amor», «Por unos ojos morunos», «Adiós me dices ya», y, recientemente en Miami, de «Señor don bolero» y «Ando en busca de un cariño». Para Leopoldo, él es uno de los mejores arreglistas, compositores y directores de orquesta cubanos. Muchos éxitos del bolero se deben a sus arreglos. Como así lo evidencia el alcanzado por José Tejedor, Moraima Secada, Lino Borges, Clara y Mario, entre otros.

El Festival de Boleros de Oro en Cuba fue tal vez la única oportunidad que tuvo Leopoldo Ulloa de intercambiar con cantantes extranjeros y musicólogos del continente y saber cómo era aceptada su música fuera del país. Por razones de diferentes índoles nunca pudo viajar, fue un sueño que se quedó por cumplir. En 1993 visitó Cuba la cantante colombiana María Isabel Saavedra, actualmente residente en Miami, directora en aquel entonces del Teatro Patria en Bogota, a pesar de su juventud La Saavedra conocía la música de este creador y nos contó el aplauso que en su país recibían sus composiciones, nos invitó a hacer una gira por Colombia que nunca se pudo materializar.

En las redes sociales pueden leerse aún noticias como:

El inolvidable Willy Baby *Rodríguez, prodigioso cantante cubano, presenta este tema inédito y en vivo en el canal 2 de Guayaquil (Ecuador) en 1977. «En el balcón aquel», hermoso bolero original del compositor cubano Leopoldo Ulloa, acompañado de la insuperable y magnifica orquesta, la Sonora Matancera.*

Nunca nuestro autor se enteró de esto, ni mucho menos que el conocido cantante boricua Tito Rodríguez también interpretó esta canción con mucho éxito, como evidencia las visitas actuales que se le hacen en Internet a este suceso, también Los hermanos Lebrón, lo hicieron y muchos interpretes que la cantan en diferentes espacios y es que canciones así dejan de ser del creador para pasar a formar parte de un patrimonio universal que pertenece a todos más allá de barreras políticas y generacionales, pero cuya paternidad tiende a esfumarse, ya casi nadie recuerda al guajirito que por poco enloquece con el éxito de su bolero-tango que también ahora se interpreta en forma de salsa.

En capítulos anteriores ya habíamos visto la relación del autor con otros géneros musicales como la guaracha, el montuno y el son, en el caso de este último las palabras de elogio que el escritor cubano Samuel Feijoo, hiciera para «El son de Mateo» comparándolo con lo mejor que se había hecho en el género, como dato curioso hay que aportar que solo fueron conocidas por Ulloa durante la realización de este libro. Sin embargo, estuvo muy cerca de grandes soneros como Cheo Marquetti, Bienvenido Granda, Caíto, Celia Cruz. Me contaba como una vez que conoció a los músicos de la Sonora, no se bajaba del carro, con ellos, esta relación solo se rompería físicamente cuando los músicos escogieron vivir en los Estados Unidos y todos sabemos lo que ocurrió allí con su música donde nunca dejó de estar presente el maestro Ulloa.

La relación entre el son y la salsa no siempre ha sido amistosa. El son es uno de los géneros que sirvió de embajador a la música cubana y ayudó a colocar a Cuba en un sitio privilegiado en el gusto de los bailadores del mundo.

Se desarrolla en la región oriental y posee diferentes denominaciones según la zona donde se cultiva, constituyendo variantes dentro del mismo género, algo comprensible si se tiene en cuenta la variada composición étnica y por consiguiente cultural que le da cuerpo.

Tiene un antecedente lejano en el llamado Son de la Má Teodora, posiblemente de 1562, cantado y conocido por las hermanas dominicanas Micaela y Teodora Ginés.

Sin embargo, como se conoce cuenta la historia que es ya leyenda, que el creador del son fue Nené Manfugas, un trecero de origen haitiano que llegó junto a su novedoso sonido a los carnavales de Santiago de Cuba por el año 1892. Como de la nada, nada surge ya sea Santo Domingo o Haití, al Caribe lo sustenta dos raíces la española y la africana.

El son le debe mucho a La Habana, rápidamente se fue propagando y aunque las autoridades colonialistas lo tachaban de indecente se fue colando hasta en los mismísimos círculos de la aristocracia criolla, porque era como un virus que no perdona, al oírlo cantar y tocar, contagia a todo el mundo. Ya lo decía el gran Ignacio Piñeiro, uno de los principales soneros de Cuba, sugestivo compositor de sones súper famosos como «¡Échale Salsita!», y otros: *El Son es lo más sublime para el alma divertir.* (Suavecito).

Echale salsita (son)

Autor: Ignacio Piñeiro.

Échale salsita/Salí de casa una noche aventurera/Buscando ambiente de/placer y de alegría /Ay mi Dios, cuanto gocé. /En un sopor, la noche pasé.

Paseaba alegre por los lares luminosos /Y llegué al bacanal. /En Catalina me encontré lo no pensado, / La voz de aquel que pregonaba así: Salsa /En Catalina me encontré lo no pensado, /La voz de aquel que pregonaba así: Échale salsita,/échale salsita, /Ah, ah, ah, ah... /En este cantar profundo, /Lo que dice mi segundo /No hay butifarra en el mundo /Como la que hace el congo. /Échale salsita, Échale salsita, /Ah, ah, ah, ah, ah... /Congo miró embullecido /Su butifarra olorosa, /Son las más ricas, sabrosas, /Las que en mi Cuba he comido /Échale/salsita, échale salsita /Ah, ah, ah, ah...

Ignacio Piñeiro logró inmortalizar al congo un cocinero de Catalina de Güines con este son, pero tal vez como afirman algunos estudiosos sin saberlo dio origen al termino de salsa por ese azar concurrente lezamiano, Catalina es la madre de Leopoldo y también de la salsa y para seguir con la familia recordaremos que El bolero y el son son hermanos.

Otro de los géneros que identifica la forma de ser del cubano y ayudó a forjar nuestra nacionalidad es el bolero, nacido a finales del siglo XIX, en Santiago de Cuba, su creador fue el trovador Pepe Sánchez, y «Tristeza», fue su primera canción, pronto se dispersó por todo el país y se extendió por América y el mundo. Países como México reclaman su paternidad, pero es tan cubano como las palmas. Lo que sucede posiblemente es que su origen es un poco difuso y hay un antecedente, más rítmico tal vez y en compases de la contradanza del siglo anterior. Casi siempre un género no nace de golpe, sufre una transformación y aún siendo ya consolidado como tal, sigue transformándose. Pero es que un género, independientemente de su estructura y técnica compositiva, es un medio para expresar sentimientos en este caso. El bolero está asociado a una manera romántica de expresar el amor y el amor tiene muchas maneras de expresarse. Pero Pepe Sánchez, sin duda, es quien conforma el llamado bolero trovadoresco, acompañándose con la guitarra. El primer bolero compuesto por Ulloa también tiene que ver con la tristeza y ya sabemos que tiene mucho que ver con un desengaño amoroso. A Pepe se sumaron otros compositores como Sindo Garay, Alberto Villalón y Manuel Corona, por solo citar tres de todos los grandes trovadores santiagueros que por ese camino le dieron personalidad a este género. Muchas veces y según quién lo versionara, se convertiría con el tiempo, de base o referencia para crear combinaciones como bolero-moruno, bolero-cha, bolero-mambo, etc. Igual que empezó siendo una interpretación individual, pasó por agrupaciones de tríos, sextetos y septetos (es el caso paradigmático del bolero-son «Lágrimas Negras», de Miguel Matamoros) y se adaptó, con el uso de más instrumentos, al conjunto, por ejemplo, el Conjunto Casino, al de Arsenio Rodríguez y otros.

Sindo y Alberto Villalón lo trajeron a La Habana, donde fue presentado en los teatros de la época, como variedad musical de criolla- bolero y canción. Sufre otros cambios rítmicos-melódicos, es incorporado el piano acompañante que sin embargo no le restan su esencia romántica.

En la divulgación del son en los Estados Unidos no se puede dejar de mencionar a según el cantante y musicólogo Lachy Nuñez a Arsenio Rodríguez, quien interpretó boleros de Luís Marquetti con «Deuda», Isolina Carrillo, «Soy tu destino», Rafael Ortiz (del Septeto Nacional de Piñeiro) con «El Tabernero», «Te mantengo y no quieres», Osvaldo Farrés, «Estas equivocada» o Rosendo Ruiz con «Orgullo inútil». Arsenio, hasta donde sabemos, no interpretó ninguno de los boleros de Ulloa. Son muchas las obras de este compositor que forman parte hoy del repertorio clásico de varios artistas sobre todo del mundo latino. Sin dudas fue la Sonora Matancera, la embajadora principal de la obra de Ulloa. Él hizo mucho hincapié de reconocer esto, a pesar de que, en Cuba, esta agrupación fue silenciada ya sabemos por qué, me dijo que Celia es La negra de oro.

La obra del Ciego Maravilloso inspiró al movimiento salsero que precisamente cobra auge después de su muerte en los años 70. En la salsa hay un elemento a destacar la integración de ritmos caribeños donde sin duda alguna el son jugó un papel predominante, pero recordemos a el haitiano Manfugas y a las dominicanas Micaela y Teodora, así que al final todos somos familia.

A Leopoldo le gustaba cantar la canción de Arsenio «La vida es un sueño», pero aunque vivió soñando como todos lo artistas, trabajó mucho, así aunque él ya no esté su obra seguirá siendo versionada una y otra vez, se fusionará tal vez con el ritmo de moda montuno, salsa y hasta reguetón y será del disfrute de las nuevas generaciones. «Como nave sin rumbo viajará donde quiera que esté presente la buena música cubana».

Celia Cruz y La Sonora Matancera.

Para siempre En el balcón

He escrito este testimonio dejándome guiar tal vez por la letra de uno de los boleros más famosos de Leopoldo Ulloa «Canto a mi propia vida», porque esa fue su vida: la música, el bolero.

En Catalina de Güines le gustaba trabajar la tierra, sembrar maíz y frijoles y criar animales. Allí hizo algunas de sus creaciones. Se encontraba a sí mismo. En el patio de su casa podía soñar y descansar del bullicio. Además, estaban su madre, su esposa Julia, sus hijos Leopoldito, Leonel y luego, sus nietos a los que tanto amó. La última vez que trabajó lo hizo como animador del centro turístico Escaleras de Jaruco.

Sin embargo, Leopoldo, en honor a la verdad, nunca abandonó La Habana. Ya, antes de 1959, vive en un cuarto alquilado por su hermano Alberto a una española llamada Cándida Martínez. El lugar está situado en la calle Serafines, en el municipio Cerro. A sus vecinos condescendientes, nunca les molestó tanta música regalada, tanto bolero.

En el balcón aquel, lejos de ser olvidada recibe nuevos lauros, es el bolero que inspira a la joven Ena Lucía Portela a escribir su laureado cuento *El viejo, el asesino y yo*, y, en el 2001 Los Papines hacen una versión, en tiempo de rumba, que integra el disco «La rumba soy yo», ganador de un premio Grammy.

Leopoldo siempre recordaba agradecido el homenaje que le realizarían en San Miguel del Padrón. Jorge Luis Herrera (Herrerita) sería el organizador de la actividad, a propósito, comenta:

> Vivo en los altos del restaurant Paco Paco, aquí en San Miguel del Padrón, cuando de forma casual por boca de Leopoldo supe que el balcón de su bolero existía y era aquel por el cual tantas veces yo había pasado sin conocerlo, decidí junto a los

compañeros de cultura realizar una actividad allí, no solo para homenajear a Leopoldo, sino también para que los vecinos también se sintieran orgullosos. Pensamos que sería interesante, buscar a la mujer que le había inspirado la canción casi cuarenta años después, y luego de una ardua indagación la hallamos en Regla. Fue un homenaje muy lindo en el que a pesar de la lejanía participaron muchos vecinos de su Catalina.

Aún yo cierro los ojos y veo la calle llena de gente, solo de Catalina de güines vino un camión con una carga muy pesada ya que además de la familia de Leopoldo estaban glorias del deporte en Cuba como el pelotero Urbano Gonzáles y el ciclista Búfalo Arencibia, ya antes veníamos en el viejo almendrón Lino Borges, Leopoldo Ulloa y yo, Lino con ese humor sarcástico que lo acompañaba siempre no paraba de bromear con el compositor, le decía: «prepárate que la mujer a la que le hiciste tus mejores números te está esperando, debe ser una vieja bruja». Llegamos, yo por solidaridad femenina cerré filas con Julia la mujer de Leopoldo, Lino tomó el micrófono y comenzó a cantar como solo él solía hacerlo, en el balcón una señora, entrada en años, pero aún bella, esperaba, Leopoldo muy nerviosos subió las breves escaleras con un ramo de flores, mientras Julia su esposa apretaba mi mano.

Aquí, en la ciudad, la muerte sorprendió a Leopoldo Ulloa el 6 de enero del 2003. El Día de los Reyes moría un rey, lleno de ilusiones, boleros, y vida.

Horas antes de morir, el escritor Gustavo Vega, mi esposo, se encontraba departiendo con él:

A las cinco de la tarde la chimenea de la antigua fábrica La Estrella, lanzaba su columna de humo que se confundía con el paisaje citadino y la nubes, era algo inusual que a esa hora, las calderas de la fábrica estuvieran trabajando.Yo trabajaba

al lado de las calderas como técnico de mantenimiento, salí corriendo pensando en la cita , ya que un día antes Leopoldo Ulloa, quien era además el padrino de mi hijo me había dicho: «Pasa por la casa que tengo un regalito para mi ahijado», por coincidencia o por azar concurrente cuando salgo del coloso de Chocolate, me tropiezo con Lino Borges y me preguntó por Leopoldo, estuvimos hablando del color del pelo que en esos días llevaba con mucha hidalguía era un rubio rojizo el cual lo hacía más joven de lo que era en realidad, Lino me habló también de la versión que había hecho de «En el balcón aquel» y que él había sido injusto pues tenía que haberla sacado muchos años atrás pero como tantos grandes la habían grabado, entre ellos la Sonora matancera, él no se había inspirado, y que en su última gira a Colombia se la pedían mucho y que fuera de Cuba siempre le estaban exigiendo esta canción y que para su sorpresa esa versión había sido muy exitosa, Leopoldo fue a su casa para agradecerle con la *falsa modestia* que lo caracterizaba , después de conversar con Lino, pasé por el solar donde yo vivía Villa María en Serafines, ese solar tenía una característica y es que en él se sabía todo lo del barrio. Mi suegra Gloria estaba barriendo el patio cuando me vio entrar para mi cuarto que era el último, me llamó para comentarme del color de pelo que llevaba Leopoldo y dibujaba su rostro como si estuviese enfermo, se veía más blanco de lo que era, conversé con ella , le dejé al niño y fui para casa de Leopoldo.

Leopoldo estaba en la parte de afuera de su condominio, entregando un papel a un joven. Vivía en un pasillo ancho y largo, me saludó como de costumbre con mucha efusividad y después de preguntarme por Dulce mi esposa y su ahijado me dijo: «pasa que tengo que decirte algo». El contraste y el nuevo traje que vestía su casa me llamó la atención. Porque, aunque yo trabajé en la reparación de su hogar hacía casa veinte días que no pasaba por ella. Antes era un cuarto con las cosas amontonadas por doquier donde apenas cabía un mueble, usaba el grande frigidaire americano para guardar cucharas y platos, ahora era un moderno apartamento, con una barbacoa de mampostería, ventanas de cristales, más acorde a su nivel de popularidad pero que había perdido el aliento bohemio. El olor a pintura recién aplicada y la limpieza y organización de la misma me llamó mucho la atención, ya que el siempre daba mayor importancia a su creación que al orden lógico de las cosas y en eso radicó su éxito. Nunca dejó de soñar con hacer una nueva canción. Ese día me tarareó y me cantó el último tema que estaba componiendo, me llamó mucho la atención que antes de terminar la letra, me dijo con voz muy grave y cortando su inspiración: «Sabes que me pagaron el Grammy», le pregunté cómo que el Grammy y entonces él contestó: «al disco de los Papines le dieron y Grammy y ahí estoy yo con «El balcón aquel en tiempo de Guaguancó», me puse muy contento, lo felicité, sin embargo mi jubilo no fue correspondido, me dijo: «Todo no son buenas noticias, sabes cuánto me pagaron, 17 DÓLARES, le dije Maestro lo persigue el 17. Se puso serio y cambió la conversación, me dijo que la vecina lo había estado llamando todo el día y que le había dicho que quería que le fuera hacer un mandado, sin embargo: «No tengo ganas de salir hoy, he estado encerrado, ahora salí para apuntar un número en la bolita, había jugado el 17. Sin embargo, todas no son malas noticias, «por fin gané el pleito con los franceses y me van a pagar todo lo que me deben de derecho de autor, son miles de dólares, al fin vamos a dejar de ser pobres, toma estos 5 dólares para que le compres al niño el regalo de los reyes que era para lo que me había mandado a buscar. Seguimos hablando sobre su última canción y se despidió de mí con la promesa de que iría por la casa para ayudarme a arreglar mi cocina. Al despedirme una corazonada me invadió de repente nunca salía fuera del cuartito para despedirme, al día siguiente me enteré de su muerte. El 17 salió fijo, ese día.

En Güines se enterró el cuerpo de este hombre que ya no pertenece a nadie porque es de Cuba. Tristemente descansa en una bóveda de unos amigos, mientras el Congo de las butifarras inmortalizadas en el son de Piñeyro preside la ciudad de los muertos, mientras en la actual calle Pepe Prieto, de San Miguel del Padrón, la tarja de bronce fue robada ya no se recuerda a los transeúntes que «En el balcón aquel» se inspiró un día un hombre para hacerlo por siempre inmortal.

Elvira Robles, la que inspiró las canciones a Leopoldo, en el homenaje en San Miguel del Padrón.

El campeón de ciclismo Búfalo Arencibia, Leopoldo Ulloa y el pelotero de Industriales Urbano Gonzáles.

Con Celina González y otros en un homenaje a Leopoldo

Leopoldo en su finca con Candita Batista, la vedette negra de Cuba, y su esposo.

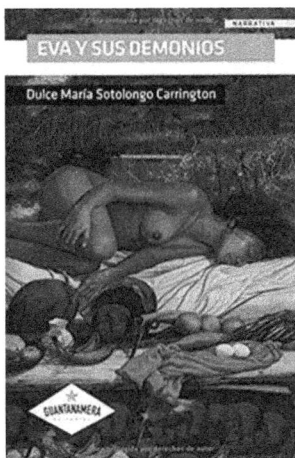

DULCE SOTOLONGO

La Habana, Cuba

Editora, periodista y narradora cubana. Graduada de Filología en la Facultad de Artes y Letras de la Universidad de La Habana.

Entre sus libros publicado: *Té con limón* (Ed. Oriente, en el 2001), en coautoría con Amir Valle Ojeda, entre otras; *Agustín Marquetti No. 40* (Ed. Extramuros, 2008) y *En el balcón aquel* (Ed. Unicornio, 2009); *Páginas de mi diario* (Ed. Bayamo); *Cuentos de payaso* (Ed. Extramuros); *Eva y sus demonios* (Ed. Guantanamera).

OTROS TÍTULOS

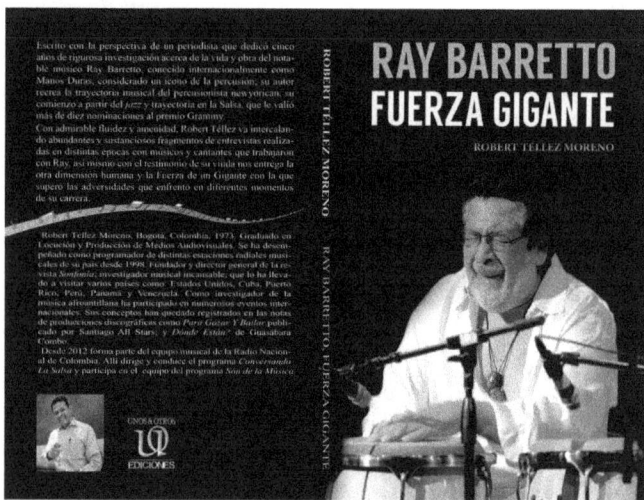

RAY BARRETTO FUERZA GIGANTE
ROBERT TÉLLEZ MORENO

Escrito con la perspectiva de un periodista que dedicó cinco años de rigurosa investigación acerca de la vida y obra del notable músico Ray Barretto, conocido internacionalmente como Manos Duras, considerado un ícono de la percusión; su autor recrea la trayectoria musical del percusionista newyorican, su comienzo a partir del jazz y trayectoria en la Salsa, que lo valió más de diez nominaciones al premio Grammy.
Con admirable fluidez y jovialidad, Robert Téllez va intercalando abundantes y sustanciosos fragmentos de entrevistas realizadas en distintas épocas con músicos y cantantes que trabajaron con Ray, así mismo con el testimonio de su viuda nos entrega la otra dimensión humana y la Fuerza de un Gigante con la que superó las adversidades que enfrentó en diferentes momentos de su carrera.

Robert Téllez Moreno, Bogotá, Colombia, 1973. Graduado en Locución y Producción de Medios Audiovisuales. Se ha desempeñado como programador de distintas estaciones radiales musicales de su país desde 1998. Fundador y director general de la revista Sonbumbia; investigador musical incansable, que lo ha llevado a visitar varios países como Estados Unidos, Cuba, Puerto Rico, Perú, Panamá y Venezuela. Como investigador de la música afroantillana ha participado en numerosos eventos internacionales. Sus conceptos han quedado registrados en las notas de producciones discográficas como Para Gozar Y Bailar publicado por Santiago All Stars, y ¿Dónde Están? de Guasábara Combo.
Desde 2012 forma parte del equipo musical de la Radio Nacional de Colombia. Allí dirige y conduce el programa Conversando La Salsa y participa en el equipo del programa Son de la Música.

UNOS & OTROS
UO
EDICIONES

DRAMATURGAS CUBANAS DEL SIGLO XIX
RAMÓN ... ... MIENTO
ROX... ... ... SECA

En Dramaturgas cubanas del siglo XIX, sus autores rescatan un tema poco tratado en la literatura cubana: la mujer en el género teatral. Son cinco autoras conocidas por sus aportes en la poesía, la novela y el periodismo en los finales del siglo XIX y principios del XX en Cuba, pero con escaso reconocimiento en las artes escénicas: Aurelia Castillo de González; Virginia Felicia Auber y Noya; Catalina Rodríguez de Morales; Eva Canel; Pamela Fernández de Laude.

El principal mérito de estas autoras es haber roto con el canon de lo que se consideraba la literatura femenina del momento, es decir: poesía amorosa, demasiado lírica o edulcorada. Para la mujer se reservaba el espacio privado, el hogar, la familia o bien, la vida religiosa en el encierro de un convento. Su honra constituía para ella el mayor tesoro y debía preservarlo a toda costa. Los temas filosóficos, políticos, sociales, eran reservados para el hombre. La mujer veía construido su intelecto. A pesar de ello, como vemos en este caso, un grupo de osadas damas escapan al estereotipo y someten a cuestionamiento la realidad cotidiana.

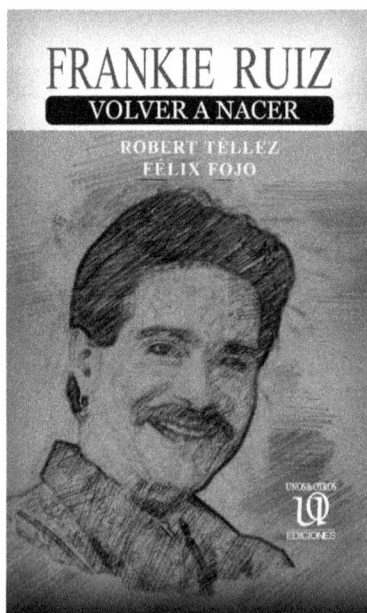

Los LAMENTOS DE LA CASA JUÁREZ

Manuel Arduino Pavón

LOS LAMENTOS DE LA CASA JUÁREZ

Unos misteriosos lamentos sacuden la casa de los Juárez, pero nadie parece escucharlos, excepto los niños de la familia. ¿De dónde proceden?, ¿de monstruos, seres de otra dimensión, fantasmas? Todos guardan silencio, y Cristal Juárez, la más pequeña del acaudalado clan de hacendados, decide investigar la fuente de los quejidos que la atormentan noche y día. En su indagación encontrará el férreo rechazo y la oposición de las cuatro poderosas familias de colonos de la isla, quienes están dispuestos a lo que sea para que el secreto de los quejidos no salga a la luz, descubriendo una historia de locura, sangre y dolor, iniciada por sus ancestros en una sangrienta conquista.

Los lamentos de la casa Juárez, novela que te atrapa desde la primera línea, no permitirá que dejes de leer hasta descubrir el origen de los penosos gemidos que retumban en las cuatro mansiones de las familias más importantes de esta isla, que puede ser cualquier isla de nuestra vasta dimensión latinoamericana.

UNOS&OTROS
EDICIONES

Félix J. Fojo

La Habana, Cuba, 1946. Es médico, divulgador científico y apasionado de la historia. Exprofesor de la Cátedra de Cirugía de la Universidad de La Habana. Desde hace muchos años reside entre Florida, EE.UU. y Puerto Rico. Es editor de la revista *Galenus*, importante revista para médicos de Puerto Rico.
Ha publicado artículos de opinión y divulgación en diferentes medios periodísticos de EE.UU. y Europa.

Entre sus libros publicados: *Caos, leyes raras y otras historias de la Ciencia* (Ed. Palibrio, 2013), *De médicos, poetas, locos... y las otras* (Ed. Palibrio, 2014), *De Venus a Botero* (Ed. Unos&OtrosEdiciones, 2017), *No preguntes por ellas* (Unos&OtrosEdiciones, 2017).

La muerte no siempre llega tan plácida y dignamente como nos gustaría. Tanto para las personas comunes y corrientes como para aquellos elegidos que han llevado una vida relevante: guerreros, políticos, dictadores, científicos, artistas, músicos. La muerte es siempre un evento digno de atención. Y cuando la miramos de cerca, a veces encontramos circunstancias extrañas, sospechosas, sin explicaciones claras y definidas, no concordantes o anómalas, en dos palabras, muertes oscuras. Y de esas muertes oscuras está llena la azarosa historia de la medicina que no es más que la historia de la humanidad.

El autor se intenta un estudio puramente paleopatográfico, esa especialidad bastante relativamente nueva que se encarga de sus, y con tecnología de avanzada, osamentas, momias y tumbas con el fin de diagnosticar, como se haría en un hospital ultramoderno, las más recónditas enfermedades y causas de muerte de los finados que yacen bajo las microscopías y aparatos de resonancia magnética. Sus expectativas son mucho más modestas, pero se alimentan del mismo entusiasmo por ir un poco más lejos en el diagnóstico, la clave médica por excelencia, y así ofrecer una nueva visión de ciertos eventos terminales, por abundar e investigar más allá de la muerte, por encontrar un detalle o una posible explicación que se le ha pasado por alto anteriormente o que pueda tentar a un investigador o ciernes a una pesquisa histórica más detallada.

MUERTES OSCURAS

FÉLIX FOJO

MUERTES OSCURAS

UNA MIRADA CURIOSA A LA HISTORIA CLÍNICA DE FAMOSOS

UNOS&OTROS
EDICIONES

www.ingramcontent.com/pod-product-compliance
Lightning Source LLC
Chambersburg PA
CBHW030108070426
42448CB00036B/549